TEMPÊTE DE PRIÈRE

GUIDE DE PRIÈRE QUOTIDIEN

ÉLARGI DANS L'AMOUR ET LA SAINTETÉ

MARS – AVRIL 2026

Godson T. Nembo

ÉLARGI DANS L'AMOUR ET LA SAINTETÉ

Publié au Cameroun par
Réseau chrétien de restauration
crnprayerstorm@gmail.com,
prayerstorm@christianrestorationnetwork.org

ISBN : 978-1-63603-345-7

Sauf indication contraire, toutes les citations bibliques sont extraites de la Sainte Bible, Louis Segond.

CONTACT

BP 31339 Biyem-assi, Yaoundé, Cameroun
Tel : (237) 679.46.57.17, 652.38.26.93 or 696.56.58.64
Émail : **godsonnembo@gmail.com** ou
contact@christianrestorationnetwork.org
www.christianrestorationnetwork.org

OÙ ACHETER CE LIVRE : CONFER LA DERNIÈRE PAGE

Boutique Tempête de prière en ligne : Avec MTN ou Orange Mobile Money *(pout les résidents au Cameroun)* et le portefeuille électronique *(pout ceux résidant à l'étranger)*, vous pouvez facilement obtenir la version électronique de ce livre et d'autres parutions du RCR via www.amazon.fr au

https://shorturl.at/pqxyT ou
www.christianrestorationnetwork.org/our-bookstore.
https://goo.gl/ktf3rT

VOUS POUVEZ ACCÉDER À TOUTES LES COPIES IMPRIMÉES DE NOS LIVRES POUR TOUTE DURÉE SPÉCIFIÉE À VOTRE PORTE.
Contactez le (237) 679465717 pour les détails d'abonnement et de paiement.

Traduit en Français par : Manuela Fotso : (237) 674647131/ 696067989 et Tatiana Iyeme : (237) 678143176

Imprimé à Yaoundé au Cameroun par Mama press : (237) 677581523

AU SUJET DES TÉMOIGNAGES :
Votre témoignage est une arme contre le royaume des ténèbres. Il est aussi une semence pour le miracle d'autrui. Partagez avec nous ce que Dieu a utilisé ce Guide de prière et nos livres pour faire dans votre vie ; par SMS, appel téléphonique ou émail.

DEVENEZ UN PARTENAIRE DU MINISTÈRE :
Composez le (237) 679.46.57.17 ou 674.49.58.95 ou 699.90.26.18 ou envoyez un email à :
crnprayerstorm@gmail.com ou
contact@christianrestorationnetwork.org

Envoyer votre soutien financier à :

- ECOBANK N° de compte : **0040812604565101**
- Carmel Cooperative Credit Union Ltd. Bamenda N° de compte : **261**
- ORANGE Mobile Money N° de compte : **699902618**
- MTN Mobile Money N° de compte : **674495895**

APPEL AUX DIFFUSEURS :

Si vous êtes intéressé par la distribution de ce guide de prière quotidienne Tempête de prière, appelez ou envoyez un SMS à l'un de ces numéros pour négociation : (237) 675.68.60.05 ou 677.43.69.64 ou 674.49.58.95 ou 699.90.26.18, ou envoyez un email à :
crnprayerstorm@gmail.com (cf. la dernière page).

TABLE DES MATIÈRES

ÉVÈNEMENTS IMPORTANTS/ANNONCES

PROGRAMME SPÉCIAL DE PRIÈRE		
CAMP DE PRIÈRE DE RESTAURATION 10e édition	**Lieu**	**Date**
	Yaoundé, Cameroun. Préparez-vous à faire part	***Du jeudi 6 au Samedi 8 août 2026***
Contact WhatsApp : (237) 681722404 ou 679465717/ Téléphonez : (237) 695722340 ou 652382693.		

PROGRAMME SPÉCIAL DE TEMPÊTE DE PRIÈRE			
5 NUITS DE PUISSANCE AVEC LE PASTOR GODSON	**Thème**	**Date**	**Rejoignez-nous chaque jour à minuit (GMT +1) sur YouTube, Facebook**
	RÉCUPÉREZ *TOUT*	*Du vendredi 1er au mardi 5 mai 2026*	

PROGRAMME SPÉCIAL : JE PRIE POUR VOUS
Joignez-vous au Pasteur Godson pour une demi-heure de dévotion matinale **chaque LUNDI, MERCREDI,** et **VENDREDI** à parti de **6h** en directe sur Facebook, YouTube **@PastorGodsonNemboTangumonkem**

HEURE DE LA RESTAURATION
Joignez-vous au Pasteur Godson et Anna TANGUMONKEM pour l'HEURE DE LA RESTAURATION **tous les MARDIS** matin de **6h** à **7h30** dans la Salle des fêtes « Fontaine de grâce » à Jouvence, rue Mendong – Yaoundé, Cameroun. *Un moment d'intercession prophétique pour les individus, les familles et les nations.*

ANNONCES

- Festival de feu Tome 1-5 et Le pouvoir doit changer de camp Tome 1-10, à présent disponibles à 3.000 FCFA et 2.500 FCFA respectivement. Passez vos commandes dès aujourd'hui.
- Abonnez-vous annuellement au Guide quotidienne de prière à partir de 10.000 FCFA pour vos copies numériques.
- Tous nos ouvrages sont disponibles au siège social du CRN : 1er étage du bâtiment à étages, Entrée Lycée de Tsinga, village, en bordure de la route principale. **Contacts :** 681.72.24.04, 695.72.23.40
- Caisse populaire Carmel Credit Union, Agence de Yaoundé située à Carrefour Biyem-Assi, au rez-de-chaussée du bâtiment à étages, en face de la Croisade Campus pour Christ. **Contact :** +237 652.83.55.04
- Librairie Tempête de prière (Prayer Storm Bookshop), Cow Street Nkwen – Bamenda. Nous vendons nos livres, des Bibles et d'excellents ouvrages chrétiens. **Contacts :** 675.14.04.50, 674.59.35.98, 679.46.57.17.

PROJET DU CAMP DE PRIÈRE POUR LA RESTAURATION

- La POSE DE LA PRMIÈRE PIERRE DE LA MAISON DE PRIÈRE DE RESTAURATION à Tsinga Village, Yaoundé, a eue lieu en décembre 2023
- La construction de la base du RCR à Yaoundé au Cameroun a commencé en janvier 2020.
- Pour plus s'informations concernant votre participation à ce projet, appelez-nous ou envoyez-nous des SMS au **(237) 674.49.58.95, 678.16.46.88, 673.50.42.33, 699.90.26.18.**

Questionnaire de rétroaction : Nous serons ravis d'entendre vos suggestions sur la façon dont nous pouvons améliorer ce livre : Envoyez vos commentaires au **(237) 681722404**, utilisez le lien ci-dessous : https://prayer-stormdevotional.paperform.com/ ou scannez le CODE QR ici pour remplir le formulaire en ligne.

COMMENT DEVENIR UN ENFANT DE DIEU

Il ne suffit pas d'aller à l'église et de prier. « Si un homme ne naît de nouveau, il ne peut voir le royaume de Dieu. » (Jean 3 :3). Les étapes suivantes t'aideront à savoir que faire pour naître de nouveau.

Étape 1 : Dieu t'aime et t'offre un plan merveilleux pour ta vie.

« Car Dieu a tant aimé le monde qu'il a donné son Fils unique, afin que quiconque croit en lui ne périsse point, mais qu'il ait la vie éternelle. » (Jean 3 :16). Jésus a dit : « Moi, je suis venu afin que les brebis aient la vie, et qu'elles soient dans l'abondance. » (Jean 10 :10).

Peu importe qui tu es et ce que tu as fait, Dieu t'aime malgré tout et Il veut te sauver (Rom.5 :8).

Étape 2 : Tes péchés t'ont séparé de Dieu ; c'est pourquoi tu n'expérimentes pas son plan merveilleux pour ta vie.

« Car tous ont péché et sont privés de la gloire de Dieu. » (Rom.3 :23) ; « Car le salaire du péché c'est la mort [séparation spirituelle d'avec Dieu] » (Rom.6 :23). Toutes tes activités religieuses et tes efforts ne peuvent pas te sauver. Dieu a pourvu à une solution pour toi.

Étape 3 : Jésus-Christ est le seul chemin pour retourner à Dieu.

Jésus a dit : *« Je suis le chemin, la vérité et la vie. Nul ne vient au Père que par moi. » (Jean 14 :6).* Jésus-Christ est le seul sacrifice que Dieu peut accepter pour tes péchés. Tu peux te connecter au plan de Dieu pour ta vie à travers Lui.

Étape 4 : Tu dois recevoir Jésus-Christ comme ton Seigneur et Sauveur. C'est alors que tu pourras expérimenter le plan de Dieu pour ta vie.

Reçois-Le par une invitation personnelle et par la foi. *« Voici, je me tiens à la porte, et je frappe. Si quelqu'un entend ma voix et ouvre la porte [ton cœur], j'entrerai chez lui, je souperai chez lui, et lui avec moi. » (Apo.3 :20).*

Si tu es prêt à donner ta vie à Jésus-Christ maintenant, fais cette prière de tout ton cœur.

« Cher Seigneur Jésus-Christ, j'ai besoin de toi. Je t'ouvre la porte de mon cœur et je te reçois comme Seigneur et Sauveur. Pardonne tous mes péchés et lave-moi de ton sang. Fais de moi la personne que tu veux que je sois. Merci de m'avoir sauvé. »

Félicitations ! Tu es à présent un enfant de Dieu.

Appelle-nous maintenant pour qu'on prie pour toi au (237) 652.38.26.93 ou 696.56.58.64

(Pasteur Godson T. Nembo et l'Équipe de Tempête de prière)

MAINTENANT QUE TU ES NÉ DE NOUVEAU

Décider de devenir un chrétien né de nouveau c'est la meilleure décision que tu aies jamais prise de ta vie et je t'en félicite. Les points suivants te permettront de jouir de ta nouvelle vie en Jésus-Christ.

1. **Vis avec la conscience que tu es sauvé :** il est fondamental que tu sois certain de ta nouvelle foi. C'est ce qu'on appelle l'assurance du salut. Crois que tes péchés ont été pardonnés et que Dieu les as oubliés en vertu du prix que Jésus a payé en offrant sa vie en sacrifice sur la croix, et crois que tu n'es plus sous aucune condamnation (Actes 16 : 31, Rom. 8 :1-2, 2Cor. 5 : 17, Jn. 1 :12).

2. **Rejoins une communauté chrétienne :** par la nouvelle naissance, tu es entré dans la famille de Dieu. Trouve une église qui enseifrgne et pratique fidèlement les écritures, où l'adoration te permet d'être en communion avec Dieu, où les gens sont amicaux, et où la croissance spirituelle est encouragée (Héb. 10 : 25, Gal. 6 : 10).

3. **Procure-toi une bible et étudie-la quotidiennement** : tu peux commencer par Jean, ensuite Actes, Romains, etc. Tout comme un enfant a besoin de nourriture physique pour grandir, la parole de Dieu est la nourriture spirituelle qui nous fait grandir pour être semblables à Christ (1Pi. 2 : 2 , Jn. 5 : 24). Consulte d'autres chrétiens matures pour toutes explications.

4. **Communie quotidiennement avec Dieu :** à travers la prière, nous parlons avec Dieu, nous lui exprimons nos fardeaux, de même que nous lui offrons notre adoration, notre louange et notre reconnaissance. Nous avons aussi le privilège d'écouter Dieu nous parler, déversant sur nous son amour, sa paix, ses bénédictions et son orientation divine (Rom. 10 : 9, 1Thes. 5 : 17, 1Pi. 5 : 8).

5. **Détruis tout ce que tu possèdes de diabolique :** abstiens-toi de tout ce qui ne glorifie pas Dieu. Élimine toute mauvaise chose liée à ta vie de péché passée ; les choses telles que les objets pornographiques, l'argent et les biens volés, les talismans, les charmes, les grigris, etc. (2Cor. 6 : 17, Tit. 2 : 11).

6. **Sépare-toi des mauvais amis et fais-toi de nouveaux amis pieux :** maintenant que tu es né de nouveau, tu dois abandonner l'ancien mode de vie et marcher dans la vérité (Ps. 1 : 1-3, 2Cor. 4 : 2, 5 : 17, Éph. 4 : 22, 1Jn. 1 : 6).

7. **Fais-toi baptisé :** le baptême d'eau par immersion authentifie publiquement notre salut et affirme notre appartenance au corps de Christ (Rom. 6 : 4, Col. 2 : 12, Matt. 28 : 19, Actes 2 : 38, 8 : 36).

8. **Recherche le baptême du Saint-Esprit :** le Saint-Esprit nous rassure que nous sommes sauvés et nous habilite pour vivre et faire des exploits pour Dieu à travers des dons spéciaux (Rom. 8 : 14, Actes 2 : 1-4, 10 : 38, Éph. 5 : 18).

9. **Parle de Jésus aux autres :** notre caractère doit témoigner de notre transformation intérieure. Aussi, notre désir ardent de parler de l'amour de Dieu aux autres et de les conduire à Christ est une preuve de notre salut (Jn. 4 : 28-29, Actes 4 : 10, 22 : 14, 2Tim. 2 : 2).

10. **Adore Dieu avec tes biens, à travers les offrandes et les dîmes :** donner à cœur joie est essentiel pour l'avancement du royaume de Dieu – les offrandes volontaires et les dîmes (un dixième de notre revenu) (Deut. 16 : 16-17, Prov. 3 : 9-10, 2Cor. 9 : 7).

11. **Fais de la vie de Christ ton modèle :** fixe tes regards sur Jésus, l'auteur et le consommateur de notre foi. Fais de lui ton modèle (Héb. 12 : 2, Phil. 2 : 5-11, Éph. 4 : 24).

12. **N'abandonne pas ; si tu tombes, lève-toi et continue :** la course chrétienne peut sembler difficile et pleine de défis, avec des persécutions, des distractions, des oppositions, et même des découragements. Mais sois rassuré, tu y arriveras par la foi (Prov. 24 : 16, Esa. 41 : 10, Phil. 1 : 6).

Je prie que tu tiennes ferme, et que tu termines bien comme les autres héros de la foi, au nom de Jésus ! Amen.

Appelle-nous pour tout besoin de conseils et de prière : (237) 652.38.26.93 ou 696.56.58.64.

(Pasteur Godson T. Nembo & Équipe Tempête de prière)

COMMENT UTILISER CE GUIDE DE PRIÈRE QUOTIDIEN

J'ai découvert que plusieurs personnes ne savent pas comment bien se servir de ce livre. Par conséquent, ils n'en tirent pas grand profit. J'aimerais vous expliquer comment utiliser ce livre pour votre moment de prière personnelle ou comment l'utiliser pour diriger une session de prière de groupe.

Ton temps de dévotion personnelle :

1. ***Lis le sujet du jour :*** Il présente ce sur quoi le Saint-Esprit voudrait que tu te focalises pendant cette journée.
2. ***Lis le passage biblique du jour à voix haute :*** Sais-tu que les Écritures se lisaient à haute voix par le passé ? Tu saisis plus lorsque tu lis à voix haute pour toi-même. Le message du jour est tiré du passage ; tu peux aller au-delà de l'étude que nous en faisons.
3. ***Prends du temps et lis la méditation que j'ai écrite :*** Cela t'aidera à mieux comprendre le message du jour.
4. ***Prie les points de prière qui y sont mentionnés :*** Lis chaque point de prière, ensuite prends du temps et prie bien avant de lire le point suivant. Certaines personnes lisent tous les points de prière et concluent en disant "au nom de Jésus" et elles répondent "Amen". Ce n'est pas ainsi qu'ils doivent être utilisés.
5. ***Prie pour les autres :*** Rassure-toi que tu utilises les points de prière pour prier pour les autres.
6. ***Ajoute autres sujets de prière :*** Par exemple, consacre ta journée, ta famille, ton emploi, ton église, etc. à Dieu.
7. Prie pour tes besoins spécifiques et pour ceux des autres.
8. **Action/Déclaration :** Prenez des mesures concrètes et faites les déclarations prophétiques.

9. ***Prières prophétiques de la semaine :*** Ces points seront présentés chaque Lundi. Nous t'encourageons à les utiliser chaque jour de la semaine qui suit.

Conduire un groupe à prier :

1. Lis le sujet du jour à voix haute.
2. Demandes à une ou plusieurs personnes de lire le passage biblique du jour à haute voix.
3. Lis la méditation du jour à haute voix. Après lecture, tu peux faire quelques commentaires, si nécessaire.
4. Permets aux autres membres du groupe d'apporter leurs contributions ou de poser des questions s'ils en ont.
5. Lis un point de prière à la fois et permets aux membres de prier pendant quelques temps avant de lire le prochain.
6. Après qu'ils aient prié tous ensemble, tu peux demander à une personne d'élever sa voix et de prier.
7. Lorsque tu auras fini de lire les points de prière, demande aux membres du groupe de donner leurs propres sujets de prières.
8. A la fin, permets à une personne de prier pour conclure la session.

Plan de lecture biblique :

Nous avons inclus deux plans de lecture biblique : **« La Bible en 1 an »** et **« La Bible en 2 ans »**. Tu peux lire toute ta Bible en un an si tu suis le premier plan ou en deux ans si tu suis le deuxième plan. Mets du temps de côté chaque jour pour lire ta Bible.

Dimanche 1er mars **MARCHE DANS LA SAINTETÉ**

Lis : 1 Pierre 1:13-16

La Bible en 1 an : Actes 13-14
La Bible en 2 ans : Exo. 17-18

« Mais, puisque celui qui vous a appelés est saint, vous aussi soyez saints dans toute votre conduite, selon qu'il est écrit : "Vous serez saints, car je suis saint" » (1 Pierre 1:15-16).

La sainteté est ton appel et ton identité. Le mot grec « hagios » signifie « mis à part » ou « consacré ». Il ne s'agit pas seulement de pureté morale, mais d'une mise à part pour Dieu. Lorsque Dieu te qualifie de saint, il déclare que tu lui appartiens exclusivement.

En Christ, la sainteté n'est pas une option ; c'est notre destinée. Hébreux 12:14 affirme : *« Sans la sanctification, nul ne verra le Seigneur. »* Marcher dans la sainteté, c'est refléter la nature de Dieu dans la vie de tous les jours. Jésus-Christ est notre modèle : il a vécu sans péché tout en manifestant de la compassion envers les pécheurs. La sainteté ne consiste donc pas à s'isoler du monde, mais à vivre une vie de distinction pour Dieu tout en impactant le monde. La lumière n'est utile que là où il y a des ténèbres. On n'a pas besoin d'une torche en plein jour. Pour être guéri et restauré, ce monde de pécheurs a besoin d'hommes et de femmes saints.

Imagine un verre d'eau propre placé dans un environnement boueux. L'eau reste pure tant qu'elle n'est pas contaminée. De la même manière, les croyants doivent demeurer purs tout en vivant dans une société corrompue.

Nous sommes « dans le monde, mais pas du monde » (Jean 17:16).

La sainteté commence dans le cœur. Jésus a dit : *« Heureux ceux qui ont le cœur pur, car ils verront Dieu » (Matthieu 5:8).* Elle s'exprime ensuite à travers nos paroles, nos choix et nos relations. Le Saint-Esprit nous donne la capacité d'abandonner les habitudes pécheresses et de revêtir le caractère de Christ (Éphésiens 4:22-24).

Marcher dans la sainteté, c'est veiller sur ses pensées, ses paroles et sa conduite, en se rappelant que l'on est le temple de Dieu. Tu n'as pas été racheté par de l'argent ou de l'or, mais par le sang précieux de Christ (1 Pierre 1:18-19). Ta vie doit donc le glorifier.

Action pratique : *Y a-t-il un domaine de ta vie qui te fait honte devant Dieu ? Prends la décision de t'en occuper ce mois-ci.*

Prions :

1. *Père, merci de m'avoir appelé à une vie sainte en Christ, au nom de Jésus.*
2. *Seigneur, purifie mon cœur et mes pensées de tout péché caché, au nom de Jésus.*
3. *Saint-Esprit, fortifie-moi pour que je puisse résister chaque jour à la tentation, au nom de Jésus.*
4. *Seigneur, que ma vie reflète ta pureté et ta lumière dans ce monde obscur, au nom de Jésus !*
5. *Je déclare que je suis mis à part, consacré et saint pour le Seigneur, au nom de Jésus.*

Lundi 2 mars **RESTE FIDÈLE AU PLAN**

Lis : 1 Corinthiens 9:24-27

La Bible en 1 an : Actes 15-17
La Bible en 2 ans : Exo. 19-20

« Tous ceux qui combattent s'imposent toute espèce d'abstinences, et ils le font pour obtenir une couronne corruptible ; mais nous, faisons-le pour une couronne incorruptible » (1 Corinthiens 9:25).

Le mandat d'élargissement de Dieu ne s'accomplit jamais grâce à l'enthousiasme seul. L'élargissement est le résultat d'une mise en œuvre fidèle d'un plan clair reçu du Seigneur.

Qu'est-ce qu'un « plan » ? C'est un schéma directeur clair et intentionnel qui définit les actions à mener, la manière de les mener et l'ordre dans lequel les mener, et qui est préparé à l'avance pour guider tout le processus de réalisation d'un projet. Toute grande œuvre commence par une vision reçue de Dieu, qui doit ensuite être développée en plan ou en feuille de route.

Les choses que Dieu t'a révélées cette année ne se matérialiseront jamais tant que tu n'agiras pas. C'est pourquoi tu dois t'asseoir et établir un plan d'action clair pour accomplir la vision que Dieu t'a confiée.

Aujourd'hui, le Saint-Esprit attire ton attention sur la discipline, cette force intérieure qui te permet de rester aligné lorsque les émotions fluctuent et que la pression monte. Paul compare la vie chrétienne à une course. Les athlètes ne s'entraînent pas à la légère ; ils soumettent leurs appétits, leur temps et leur corps à une discipline stricte, car ils veulent gagner.

L'expression « s'imposer toute espèce d'abstinences » dans le verset du jour renvoie à la maîtrise de soi, la retenue intérieure et la domination sur ses désirs. Ce n'est pas une faiblesse, mais une force contrôlée. La discipline, c'est la force sous contrôle.

Nous ne courons pas la course chrétienne pour recevoir des applaudissements, des titres ou des récompenses éphémères. Nous courons pour une couronne incorruptible. Nous voulons que nos vies deviennent des plateformes vivantes de la manifestation de la gloire de Dieu. C'est pourquoi la grande vision que tu portes exige une discipline à la hauteur. Lorsque la vision est grande, mais que la discipline est faible, la frustration est inévitable.

Ésaïe 54:2 décrit la discipline comme le fait de « raffermir les pieux ». La discipline renforce tes fondations intérieures pour que l'élargissement ne s'effondre pas. Chaque fois que tu dis non à la procrastination, au confort ou à la distraction, tu dis oui à ta destinée. La discipline protège ton avenir des compromis consentis en échange d'un soulagement momentané.

Je me souviens de l'histoire d'un constructeur qui avait ignoré certaines parties d'un plan architectural pour gagner du temps. La maison fut rapidement construite, mais des fissures apparurent quelques mois plus tard. Après inspection, les experts déclarèrent : « Le problème n'est pas la fondation, mais le fait que le constructeur n'a pas respecté le plan. » Beaucoup de croyants prient pour que leur vie s'élargisse, mais modifient le plan de Dieu pour plus de commodité. L'élargissement ne dure que tant que la discipline le préserve.

Dieu ne te demande pas la perfection, mais la constance. Reste fidèle au plan !

Action pratique : *Identifie un domaine de ta vie dans lequel tu manques de discipline, puis exerce une maîtrise de soi intentionnelle comme un acte d'obéissance.*

Prions :

1. *Père, déracine toute forme de paresse de ma vie et allume en moi un esprit discipliné pour que je poursuive ma destinée avec diligence, au nom de Jésus.*
2. *Seigneur, délivre-moi de la procrastination et aide-moi à agir promptement et fidèlement selon le plan que tu as établi pour ma vie, au nom de Jésus.*
3. *Père, accorde-moi la grâce de la maîtrise de soi pour que je sache gérer mon temps, mes désirs et mes choix, afin de courir ma course selon les règles et de bien l'achever, au nom de Jésus.*
4. *Seigneur, fortifie mon être intérieur par la discipline et l'endurance spirituelle, afin que l'élargissement que tu as ordonné pour moi demeure ferme et ne s'effondre pas, au nom de Jésus.*
5. *Père, je reçois la grâce de poursuivre ma destinée établie par Dieu avec concentration, constance et engagement total cette année, au nom de Jésus.*

Prières prophétiques de la semaine

1. **« L'Éternel te gardera de tout mal. » (Psaume 121:7).** *Aucun mal ne m'atteindra cette semaine, au nom de Jésus.*
2. ***« Je le rassasierai de longs jours. » (Psaume 91:16).*** *Rien ne mettra fin prématurément à ma vie. J'accomplirai le nombre de mes jours, au nom de Jésus.*

3. ***« Aucune arme forgée contre toi ne prospérera. » (Ésaïe 54:17).*** *Je triomphe de toute attaque satanique dirigée contre ma famille et moi, aujourd'hui, au nom de Jésus.*

Mardi 3 mars

DIEU EST FIDÈLE, FAIS-LUI CONFIANCE

Lis : Lamentations 3:22-23

La Bible en 1 an : Actes 18-20
La Bible en 2 ans : Exo. 21

« Dieu est fidèle, lui qui vous a appelés à la communion de son Fils, Jésus-Christ notre Seigneur » (1 Corinthiens 1:9).

Dans un monde marqué par l'instabilité et la trahison, il est profondément réconfortant de savoir que Dieu est fidèle. Sa fidélité ne dépend ni de ta bonté, ni de ta force, ni même de ta foi. Elle est ancrée dans son caractère immuable.

Le mot « fidèle » en hébreu est *emunah*, et en grec, *pistos*. Cela exprime la fermeté, la fiabilité, la loyauté et la constance. Cela signifie que Dieu n'est pas quelqu'un qui accomplit parfois ce qu'il dit ; il est celui qui ne manque jamais d'accomplir ses promesses. Il est fidèle par nature, et non seulement par ses actes. Prends le temps d'y réfléchir.
Lorsque la vie semble contredire les promesses bibliques que tu connais, lorsque les réponses à tes prières tardent, et que tu te sens découragé, ne cherche pas d'abord à comprendre ce qui t'arrive ; fais plutôt confiance à l'amour que Dieu te porte. Il est fidèle. Il ne peut pas mentir.

Le prophète Jérémie a écrit les Lamentations en pleurant la destruction de Jérusalem. Pourtant, au cœur même de sa douleur, il a déclaré : « *GRANDE EST TA FIDÉLITÉ.* » Ce n'était pas une émotion, mais une décision de faire confiance à Dieu dans l'heure la plus sombre. Peux-tu encore faire confiance à Dieu après tout ce que tu as déjà traversé ?

Jésus-Christ est la preuve la plus grande de la fidélité de Dieu. Chaque prophétie le concernant s'est accomplie en Jésus : sa naissance (Ésaïe 7:14), sa mort (Ésaïe 53) et sa résurrection (Psaume 16:10). Ce ne sont pas de simples récits, mais des preuves que Dieu veille à l'accomplissement de sa Parole, peu importe le temps que cela prend ou l'impossibilité apparente de la situation.

Imagine un cultivateur qui sème dans une terre stérile. Jour après jour, il arrose sans voir la moindre pousse. Pourquoi le fait-il ? Parce qu'il croit que les semences germeront. De la même manière, tu ne vois peut-être pas encore les résultats de tes prières, mais la fidélité de Dieu garantit que ses promesses se manifesteront dans ta vie au temps opportun. Fais-lui confiance. Il est fidèle.

Action pratique : *Attends-tu quelque chose de Dieu ? Écris-le, puis note au moins deux promesses bibliques en lien avec ce sujet, et prie à leur sujet.*

Prions :

1. *Père, merci pour ta fidélité constante et infaillible dans chaque saison de ma vie.*
2. *Père, je place ma confiance dans tes promesses, car je sais que tu n'es pas un homme pour mentir.*
3. *Seigneur, ranime mon cœur dans les temps d'attente et rappelle-moi que tu es toujours à l'œuvre.*
4. *Père, apprends-moi à attendre avec patience, enraciné dans ta Parole et non dans mes émotions.*
5. *Père, aide-moi à garder les yeux fixés sur Christ, la preuve vivante de ta fidélité à ton alliance.*

Mercredi 4 mars

L'AMOUR DIVIN : LA PREUVE DE LA NOUVELLE NAISSANCE

Lis : Jean 13 : 34-35

La Bible en 1 an : Actes 21-23

La Bible en 2 ans : Exo. 22-23

« Nous savons que nous sommes passés de la mort à la vie, parce que nous aimons les frères. Celui qui n'aime pas son frère demeure dans la mort » (1 Jean 3:14).

Beaucoup de gens évaluent la nouvelle naissance à partir de signes extérieurs : la fréquentation de l'église, le langage de la prière ou les activités religieuses. Pourtant, l'Écriture fournit une preuve plus claire et plus profonde de la régénération : L'AMOUR DIVIN.

Selon l'apôtre Jean, l'amour n'est pas une option pour le croyant ; c'est la preuve indiscutable que l'on est passé de la mort spirituelle à la vie. On ne peut prétendre être enfant de Dieu sans ressembler à son Père dans l'amour.

L'amour dont il parle n'est pas une simple affection humaine. Il s'agit de l'*agapè*, l'amour selon Dieu. L'agapè est un amour inconditionnel qui se donne et se sacrifie. C'est un amour qui cherche le bien des autres sans rien attendre en retour. Cet amour ne vient pas de l'effort humain ; il émane de Dieu lui-même. « Dieu est amour » (1 Jean 4 : 8), et lorsque nous naissons de nouveau, sa nature nous est communiquée.

Jésus a rendu cette vérité incontestable. Il a dit : *« À ceci tous reconnaîtront que vous êtes mes disciples, si vous avez de l'amour les uns pour les autres » (Jean 13:35)*. Remarque qu'il n'a pas parlé de miracles, de dons ou de titres. Il a parlé d'AMOUR. Un croyant peut prier avec ferveur et prêcher avec puissance, mais si l'amour est absent, la preuve de la nouvelle naissance est mise en doute.

L'amour divin transforme les relations. Il transforme la haine en compassion, l'orgueil en humilité et la vengeance en pardon. Saul, le persécuteur, est devenu Paul, l'apôtre, parce que l'amour du Christ a envahi son cœur. De la même manière, lorsque l'amour divin remplit un croyant, les anciennes hostilités perdent leur emprise.

Là où l'amour est absent, la vie spirituelle est superficielle. Là où l'amour circule, la vie de Dieu se manifeste. La nouvelle naissance ne change pas seulement notre destination ; elle transforme également notre disposition intérieure. L'amour devient notre langage, notre réaction et notre témoignage.

Bien-aimé, la preuve la plus évidente que Christ vit en toi n'est pas ce que tu dis, mais la manière dont tu aimes les autres.

Action pratique : *Demande au Saint-Esprit d'examiner ton cœur et d'augmenter ta capacité à aimer. Cette semaine, manifeste de l'amour envers quelqu'un qui ne pourra rien te rendre en retour.*

Prions :

1. *Père, je te remercie de m'avoir donné la vie nouvelle en Christ, au nom de Jésus.*
2. *Seigneur, remplis à nouveau mon cœur de ton amour agapè, au nom de Jésus.*
3. *Père, ôte de mon cœur toute haine, toute amertume et tout manque de pardon, au nom de Jésus.*
4. *Père, que mon amour pour les autres témoigne clairement de ma nouvelle naissance, au nom de Jésus.*

5. *Père de miséricorde, aide-moi à aimer comme Christ a aimé, avec sincérité et sacrifice, au nom de Jésus.*

Jeudi 5 mars **UN CŒUR DE COMPASSION**

Lis : Matthieu 9:35-38

La Bible en 1 an : Actes 24-26
La Bible en 2 ans : Exo. 24; 25:1-22

« Voyant la foule, il fut ému de compassion pour elle, parce qu'elle était fatiguée et abattue, comme des brebis qui n'ont point de berger » (Matthieu 9:36).

Jésus n'a pas simplement vu une foule ; il a vu leur douleur, leur épuisement et leur faim spirituelle. La Bible dit qu'il fut « ému de compassion ». Cela signifie que son amour n'était pas un simple sentiment passif, mais une émotion profonde, viscérale, qui le poussait à agir. Se laisser élargir par l'amour, c'est passer du statut de spectateur de la souffrance humaine à celui d'acteur de la solution.

Je me souviens de l'histoire d'un jeune homme qui, chaque matin, passait devant un sans-abri sur le chemin du travail. Pendant des mois, il lui jetait une pièce et continuait sa route, pensant avoir fait son « devoir ». Un jour, le Saint-Esprit l'a poussé à s'arrêter, à regarder cet homme dans les yeux et à lui demander son nom. Cette conversation de cinq minutes a révélé une âme brisée qui avait simplement besoin d'être reconnue comme un être humain. La compassion commence lorsque nous cessons de courir et que nous commençons à voir.

Lorsque nous devenons insensibles à la souffrance qui nous entoure — qu'il s'agisse de la pauvreté, de la maladie ou de la solitude — nous perdons une part de notre nature semblable à celle de Christ. La sainteté est souvent mal comprise comme étant le fait d'éviter des gens pour rester «

pur », mais la véritable sainteté consiste à se salir les mains pour venir en aide aux « fatigués et abattus ». En cette saison, Dieu nous appelle à avoir un cœur sensible à ce qui le touche.

Action pratique : *Aujourd'hui, identifie une personne qui semble fatiguée ou abattue (un voisin, un vendeur ou un collègue) et offre-lui une parole d'encouragement sincère ainsi qu'une prière.*

Prions :

1. *Père, je te remercie pour la compassion que tu as déversée abondamment dans ma vie.*
2. *Seigneur, ôte-moi tout cœur de pierre et donne-moi un cœur de chair.*
3. *Saint-Esprit, rends mon esprit sensible afin que je remarque les « fatigués et les abattus » sur ma route.*
4. *Père, donne-moi le courage et les ressources nécessaires pour agir selon la compassion que je ressens.*
5. *Seigneur, que notre Église soit reconnue comme une maison de compassion pour les cœurs brisés.*

Vendredi 6 mars **LE PARFUM DE LA CONSÉCRATION**

Lis : 2 Corinthiens 2:14-17

La Bible en 1 an : Actes 27-28
La Bible en 2 ans : Exo. 25:23-40; 26:1-14

« Car nous sommes pour Dieu le parfum de Christ, parmi ceux qui sont sauvés et parmi ceux qui périssent » (2 Corinthiens 2:15).

On raconte l'histoire d'un homme qui travaillait dans une usine de parfums. Chaque soir, lorsqu'il rentrait chez lui, il n'avait pas besoin de dire où il avait été ; l'odeur des huiles et des essences imprégnait tellement ses vêtements et sa peau, si bien que les gens pouvaient le sentir de loin. De la même manière, la sainteté est un parfum spirituel. Lorsque tu passes du temps « à l'écart » avec Dieu, séparé du bruit et des pollutions du monde, une fragrance se dégage de toi que les gens perçoivent avant même que tu ouvres la bouche.

La consécration est le processus par lequel tu te mets à part spécifiquement pour l'usage de Dieu. C'est l'« élargissement » de ton être intérieur afin que la beauté de Christ soit visible à travers toi. Cependant, tout comme un parfum précieux peut être gâché par quelques gouttes d'eau usée, notre parfum spirituel peut facilement être altéré par les « mouches mortes » du compromis. De petits actes de désobéissance ou une attitude amère agissent comme des polluants. Les gens ne voient peut-être pas ta vie secrète, mais ils peuvent « sentir » la différence entre une personne réellement consacrée et une personne simplement religieuse.

Si tu veux être efficace dans le gain des âmes, tu dois accorder la priorité à ce parfum. Tu n'as pas tant besoin d'argumenter l'Évangile que de le « diffuser ». Lorsque ton caractère est saint et que ton cœur est pur, tu deviens une attraction pour ceux qui périssent. Ils verront ta paix au milieu de la tempête et ton intégrité dans l'épreuve, et ils se demanderont : « Quelle est cette odeur ? » Aujourd'hui, prends la décision de demeurer dans « l'usine de parfums » qu'est la présence de Dieu. Laisse le Saint-Esprit imprégner ton âme de l'essence du caractère de Christ jusqu'à ce que tu portes le parfum du ciel.

Action pratique : *Prends 15 minutes de « temps de calme » aujourd'hui, sans téléphone ni distraction. Installe-toi simplement dans la présence de Dieu et demande-lui de « parfumer » ton esprit à nouveau pour la journée à venir.*

Prions :

1. *Père, je te remercie pour le privilège d'être porteur(se) de ta présence.*
2. *Seigneur, que le parfum de ma vie te soit agréable et doux aujourd'hui.*
3. *Seigneur, ôte toute « mouche morte » de péché caché qui altère mon témoignage.*
4. *Père, aide-moi à demeurer consacré(e) et mis(e) à part pour ton usage saint.*
5. *Saint-Esprit, que le caractère de Jésus soit si manifeste en moi qu'il attire les autres vers toi.*

Samedi 7 mars

INVESTIS LE PEU QUE TU AS

Lis : Marc 4:24-33

La Bible en 1 an : Joël 1-3
La Bible en 2 ans : Exo. 26 :15-37; 27

« Car on donnera à celui qui a, et il sera dans l'abondance ; mais à celui qui n'a pas, on ôtera même ce qu'il a » (Marc 4:25).

Dieu nous fait croître de deux manières puissantes : il donne des semences à semer et il envoie la pluie pour la croissance. Beaucoup demandent : « Quelle semence Dieu m'a-t-il donnée ? » Ta vie elle-même est une semence : ton souffle, ton temps, tes talents, tes dons spirituels, ton travail, ton salaire, tes idées, et même ce que les autres te donnent.

Note ceci : Dieu fournit la semence, mais c'est à toi de la semer si tu désires l'élargissement. Comme John C. Maxwell l'a dit avec sagesse : « Le sol demande toujours ta semence, jamais ton besoin. » Les besoins ne sont pas vaincus par des souhaits, mais par une semence intentionnelle et des investissements avisés.

Ce principe éclaire les paroles de Jésus : « Car on donnera à celui qui a… » (Marc 4:25). À première vue, cela peut sembler injuste. Pourquoi donner davantage à ceux qui ont déjà ? Jésus précise cette vérité dans Matthieu 25:29 : « À celui qui a, on donnera encore, et il sera dans l'abondance. » L'augmentation ne dépend pas seulement de ce que tu possèdes, mais de ta gestion. Ce que tu fais de ce que Dieu a placé entre tes mains détermine ce qu'il ajoutera ensuite. La diligence est la clé.

1. **La diligence produit la prospérité :** L'Écriture dit : « La main des diligents enrichit » (Proverbes 10:4). La prospérité véritable n'est jamais accidentelle ; elle est le fruit d'un effort constant.
2. **La diligence produit le leadership :** Proverbes 12:24 déclare : « La main des diligents dominera. » La négligence disqualifie, mais la diligence te positionne pour l'influence. Engage la diligence afin d'émerger cette année.
3. **La diligence alimente la créativité :** Proverbes 21:5 dit : « Les projets de l'homme diligent ne mènent qu'à l'abondance. » Les solutions créatives jaillissent d'esprits engagés.
4. **La diligence apporte l'élévation :** Proverbes 22:29 affirme : « Vois-tu un homme habile dans son ouvrage ? Il se tiendra devant des rois, il ne se tiendra pas devant des gens obscurs. » Ton excellence ouvrira pour toi des portes qu'aucune relation humaine ne peut forcer.

Qu'est-ce que Dieu t'a donné ? Ne le méprise pas. Investis ta semence avec diligence tout en faisant confiance à Dieu pour la pluie de l'augmentation.

Action pratique : *Identifie un domaine dans lequel Dieu veut que tu investisses. Établis un plan et commence bientôt.*

Prions :

1. *Rends grâce à Dieu pour tout ce qu'il t'a donné par sa miséricorde et sa grâce.*
2. *Père, délivre-moi d'une attitude d'ingratitude et ouvre mes yeux afin que je voie les semences que tu as placées entre mes mains, au nom de Jésus.*
3. *Père, baptise-moi de la grâce d'être diligent(e) dans tout ce que je fais cette année, au nom de Jésus.*

4. *Feu de Dieu, déracine toute paresse et toute nonchalance de mon cœur et du cœur de mes enfants, au nom de Jésus.*
5. *Père, fortifie mes mains afin que mon travail atteigne un niveau d'excellence cette année, au nom de Jésus.*

Dimanche 8 mars

LA PAROLE DE DIEU EST DÉFINITIVE

Lis : Ésaïe 54 : 13-17

La Bible en 1 an : Amos 1-3
La Bible en 2 ans : Exo. 28

« Dieu n'est pas un homme pour mentir, ni un fils d'homme pour se repentir. Ce qu'il a dit, ne le fera-t-il pas ? Ce qu'il a déclaré, ne l'exécutera-t-il pas ? » (Nombres 23:19).

Aucun homme ne peut changer ce que Dieu a déclaré à ton sujet. Crois en cette vérité éternelle. Les hommes de ce monde peuvent user de manipulation, d'injustice ou d'opposition démoniaque à ton endroit. Des personnes malveillantes peuvent établir des embargos visibles ou invisibles sur ta vie. Ils peuvent utiliser des systèmes corrompus, des lois iniques et même des puissances spirituelles pour tenter de retarder ou de détruire ce que Dieu a prévu pour toi. Mais prends courage : le verdict des hommes n'est pas la parole finale de Dieu. Tous leurs plans contre toi échoueront, au nom de Jésus.

Dans le livre des Nombres, le prophète Balaam, engagé pour maudire Israël, déclara : « Voici, j'ai reçu l'ordre de bénir ; il a béni, et je ne puis révoquer. » Le mot hébreu traduit ici par « révoquer » signifie annuler, invalider ou rendre nul. Une fois que Dieu ordonne une bénédiction, aucune force ne peut l'annuler. Sa parole est incontestable devant toute juridiction, qu'elle soit naturelle ou spirituelle.

La Bible nous donne des exemples clairs de personnes qui ont utilisé la Parole de Dieu et l'alignement divin pour renverser des décrets maléfiques. Dans le livre d'Esther, la loi perverse d'Haman était destinée à détruire les Juifs. Mais Esther, par le jeûne et l'audace, amena le roi à promulguer un autre décret accordant au peuple de Dieu le droit de se défendre. Dans le livre de Daniel, une loi interdisant la prière fut promulguée, mais Daniel choisit de servir Dieu plutôt que de se compromettre ; Dieu l'en récompensa en le délivrant de la fosse aux lions.

La Parole de Dieu est ton autorité légale pour renverser toute parole négative, toute malédiction et toute manipulation. *Ésaïe 54:17 déclare : « Toute arme forgée contre toi sera sans effet, et toute langue qui s'élèvera contre toi en justice, tu la condamneras. »* Ce n'est pas un simple souhait, mais le langage de l'alliance.

Imagine un sceau apposé sur un décret royal. Une fois scellé, seul le roi peut le modifier. Le sceau de Dieu est apposé sur ta destinée ; personne d'autre n'a donc l'autorité de la renverser. Tu es béni. Personne ne peut te maudire. Ne cède pas aux mensonges de Satan. Tout ira bien pour toi, au nom de Jésus.

Action pratique : *Identifie toute pensée négative qui te harcèle et, durant les sept prochains jours, annule-la continuellement par le sang de Jésus et par la Parole.*

Prions :

1. *Père, je te remercie car ta Parole sur ma vie est définitive et irrévocable.*
2. *Père, fortifie-moi afin que je demeure attaché à tes promesses, même lorsque le monde parle autrement, au nom de Jésus.*
3. *Père, aide-moi à discerner et à rejeter tout décret mauvais prononcé contre ma vie, au nom de Jésus.*
4. *Seigneur, que ma vie s'aligne sur ta voix et non sur les mensonges de l'ennemi, au nom de Jésus.*

5. *Je déclare que toute voix contraire et toute loi perverse agissant contre ma vie sont annulées par la puissance de la Parole et du sang, au nom de Jésus.*

Lundi 9 mars

LE TEMPS DE LA PERCÉE

Lis : Luc 5:1-10

La Bible en 1 an : Amos 4-6
La Bible en 2 ans : Exo. 29

« Après avoir jeté les filets, ils prirent une grande quantité de poissons, et leurs filets se rompaient » (Luc 5:6).

As-tu l'impression d'être bloqué, vaincu par la résistance, l'opposition ou la stagnation ? As-tu l'impression que rien ne fonctionne pour toi et qu'un obstacle insurmontable se dresse sur ta route ? Mais le Dieu que nous servons est le Dieu des percées. Comme il l'a fait pour Pierre, il peut transformer le vide en abondance en un seul instant d'obéissance.

Le mot « percée » en hébreu, perets, signifie « jaillissement soudain, irruption, franchissement de barrières ». Il décrit l'intervention de Dieu qui brise les limitations et ouvre de nouvelles possibilités.

La percée commence par le désir, une conviction profonde que le changement est possible. Pierre désirait une prise, malgré ses échecs. Sans désir, on finit par s'installer dans la défaite. Mais le désir doit être accompagné de détermination. Pierre a travaillé toute la nuit sans jamais abandonner. La détermination brise la résistance. Proverbes 10:4 déclare : « La main diligente enrichit. »

Jésus l'a ensuite appelé à se développer, à aller plus loin. Cher ami, sache qu'un effort superficiel produit des résultats superficiels. La percée exige une croissance de tes compétences, de ta prière et de ta foi. Ensuite, Pierre devait obéir à l'instruction de Jésus : « Avance en pleine eau, et jetez vos filets. » Le désir seul ne produit pas de miracles ; l'obéissance, si.

La percée implique également de faire face aux forces opposées. La vie présente souvent une résistance spirituelle que nous devons vaincre par le jeûne, la prière persévérante et la proclamation de la Parole de Dieu.

Puis, nous devons demeurer dans la présence de Dieu. Pierre a mis sa barque à la disposition de Jésus pour son ministère. Rester proche du Christ crée l'atmosphère propice à l'intervention divine.

Enfin, la percée nous conduit à découvrir notre raison d'être. La pêche miraculeuse a révélé à Pierre un appel plus élevé : *« Désormais, tu seras pêcheur d'hommes » (Luc 5:10).* La véritable percée ne concerne pas seulement l'argent ou le succès ; elle consiste à s'aligner sur la mission de Dieu.

Ton échec n'est pas définitif. Dieu intervient en cette saison et ta nuit de vide se transformera en un matin d'abondance. Comme Pierre, tu passeras de la frustration à la destinée.

Action pratique : *Prends du temps aujourd'hui pour demander à Dieu de te montrer ce que tu dois faire pour atteindre ta percée.*

Prions :

1. *Père, merci parce que tu es le Dieu des percées, au nom de Jésus.*
2. *Seigneur, donne-moi un désir renouvelé et la détermination de poursuivre le changement que tu as prévu pour moi, au nom de Jésus.*
3. *Père, emmène-moi plus loin dans la prière, la sagesse et les compétences afin de débloquer de nouveaux niveaux, au nom de Jésus.*
4. *Père, apprends-moi à obéir pleinement à tes instructions, même lorsqu'elles semblent simples, au nom de Jésus.*

5. *Je déclare : ma nuit de vide est terminée — j'entre dans la percée et le dessein divin, au nom de Jésus.*

Prières prophétiques de la semaine

1. **« Il aplanira tes sentiers. » (Proverbes 3:6).** *Aujourd'hui, je suis délivré(e) des erreurs coûteuses et des mauvaises décisions, au nom de Jésus.*
2. **« Je suis l'Éternel qui te guérit. » (Exode 15:26).** *Aujourd'hui, je reçois la santé divine et la force, au nom de Jésus.*
3. **« L'Éternel te gardera de tout mal. » (Psaume 121:7).** *Aujourd'hui, ma famille et moi sommes préservés des accidents et des catastrophes, au nom de Jésus.*

Mardi 10 mars

AFFRONTE LA RÉBELLION DANS TON CŒUR

Lis : Jérémie 43 : 1-7

La Bible en 1 an : Amos 7-9, Oba. 1
La Bible en 2 ans : Exo. 30

« Mon fils, donne-moi ton cœur, et que tes yeux se plaisent dans mes voies » (Proverbes 23:26).

La rébellion commence toujours silencieusement dans le cœur, bien avant de se manifester par des paroles et des actes.

La « rébellion » désigne une résistance délibérée du cœur et de la volonté à l'autorité de Dieu, qui se manifeste par une désobéissance obstinée à sa Parole, même lorsque sa volonté est clairement établie. Dans Jérémie 43, Dieu s'adresse clairement à son peuple par l'intermédiaire de son prophète, lui ordonnant de rester en Juda. Au lieu de se soumettre, Azaria, Johanan et les autres accusèrent Jérémie de mentir. Leur problème n'était pas la confusion, mais l'orgueil. Ils avaient entendu la Parole de Dieu, ils l'avaient comprise, et ils avaient choisi de s'y opposer délibérément.

La rébellion est d'abord une posture du cœur, et non une simple action. C'est la décision intérieure de s'opposer au règne de Dieu tout en désirant encore sa protection. La rébellion dit : « Je sais ce que Dieu a dit, mais je préfère suivre ma propre voie. » « Je ne veux pas que quelqu'un me dise quoi faire. »

L'orgueil est à l'origine de la rébellion. Il fausse le discernement, nous donnant l'impression d'être plus sages que Dieu, et nous rendant défensifs face à la correction. Il nous pousse à rejeter la faute, à remettre en question l'autorité spirituelle et à justifier la désobéissance. C'est exactement ce qui s'est produit au temps de Jérémie. Au lieu de se repentir, le peuple est devenu audacieux dans l'erreur. L'Écriture nous avertit que l'orgueil conduit toujours à la ruine (Proverbes 16:18).

La rébellion n'est pas toujours spectaculaire. Elle se cache souvent dans l'obéissance différée, la soumission sélective ou la résistance silencieuse. Jonas n'a pas crié contre Dieu ; il s'est simplement enfui, et la tempête l'a suivi. Saül n'a pas rejeté Dieu ouvertement ; il a obéi partiellement et a perdu son royaume. Le verdict de Dieu est sans appel : la rébellion est aussi grave que la divination, car l'une comme l'autre remplacent l'autorité de Dieu par la volonté propre (1 Samuel 15:23).

Le remède à la rébellion, c'est l'humilité. Un cœur humble tremble devant la Parole de Dieu, même lorsqu'elle remet en cause le confort, les projets ou les émotions. Lorsque nous invitons le Saint-Esprit à nous examiner, il révèle les résistances cachées et les guérit. La liberté ne se trouve pas dans la résistance à Dieu, mais dans l'abandon total à lui.

La rébellion tolérée aujourd'hui causera des dommages demain. Affronte-la dès maintenant.

Action pratique : *Demande au Saint-Esprit de te révéler toute zone de rébellion dans ton cœur, puis obéis-lui sans tarder.*

Prions :

1. *Père, merci de m'avertir avec amour chaque fois que la rébellion cherche à s'élever en moi, au nom de Jésus.*
2. *Seigneur, révèle tout orgueil et toute obstination cachés en moi, au nom de Jésus.*

3. *Père, délivre-moi de l'obéissance sélective et enseigne-moi à me soumettre pleinement à ta Parole.*
4. *Père, brise tout cycle d'accusation et de rejet de la faute sur les autres dans ma vie, au nom.*
5. *Père, donne-moi un esprit humble et réceptif qui chérit ton conseil, au nom de Jésus.de Jésus.*

Mercredi 11 mars

AIME SIMPLEMENT LES GENS

Lis : Éphésiens 3:17-21

La Bible en 1 an : Jonas 1-4
La Bible en 2 ans : Exo. 31-32

« Mais par-dessus toutes ces choses, revêtez-vous de l'amour, qui est le lien de la perfection » (Colossiens 3:14).

Veux-tu expérimenter la grâce de Dieu pour l'élargissement ? Aime simplement les gens. Revêts l'amour comme un vêtement. Laisse l'amour de Dieu t'imprégner partout où tu vas. C'est le secret pour attirer la faveur de Dieu.

Un christianisme sans amour est comme un feu peint qui ne brûle pas : il n'a aucun impact sur le monde. Les gens se tournent vers Jésus-Christ lorsque nous manifestons constamment l'amour de Dieu à leur égard. Nous avons déjà vu que l'amour de Dieu est l' « agapè », aussi appelé la charité dans la Bible.

La plupart des gens aiment les autres lorsqu'ils ont une bonne raison de le faire. Il est naturel d'aimer ceux qui nous ont montré de la bonté. En réalité, ils deviennent tes amis. Tu n'as pas besoin de prier et de jeûner pour aimer quelqu'un qui te donne de l'argent chaque mois ou qui parle bien de toi à tout le monde. Nous donnons facilement à ceux qui nous ont déjà donné. Mais il est difficile pour certains de donner à ceux qui ne peuvent rien rendre en retour. Il faut l'amour de Dieu pour être bon envers ceux qui te haïssent, te critiquent et te calomnient.

Bien-aimé en Christ, tu dois viser à cultiver l'amour selon Dieu. Paul le décrit dans notre verset principal comme *« le lien de la perfection »*. Il signifie que l'amour divin nous unit dans une parfaite harmonie. Si quelque chose te pousse constamment à t'éloigner de la communion fraternelle, c'est le signe que tu ne marches pas dans l'amour de Dieu. Très souvent, ceux qui manquent d'amour de Dieu cherchent à se cacher derrière des révélations et des prophéties pour rompre la communion.

1 Corinthiens 13:8 déclare : *« L'amour ne périt jamais. »* Dieu est amour et l'amour ne périt jamais. Si tu aimes comme lui, tu ne peux pas échouer. Dans notre société, certaines personnes sont abandonnées dans leur vieillesse parce qu'elles ont semé très peu de graines d'amour dans leur jeunesse. Si tu négliges tes enfants aujourd'hui, tu risques de récolter le rejet demain. Alors que tu es encore jeune et plein de force, investis dans le plus grand nombre de personnes possible. Dieu te le rendra au moment opportun.

Éphésiens 3:17 dit : *« En sorte que Christ habite dans vos cœurs par la foi ; afin qu'étant enracinés et FONDÉS DANS L'AMOUR » (Éphésiens 3:17)*. Le fondement du Royaume de Dieu, c'est l'amour. Enracine-toi dans l'amour de Dieu en aimant tout le monde : les meilleurs, les bons, les mauvais et les imparfaits.

Action pratique : *Identifie une personne envers qui tu n'aurais pas naturellement tendance à manifester de l'amour, et fais intentionnellement quelque chose de bien pour elle dans la semaine à venir.*

Prions :

1. *Père, merci de m'avoir appelé dans le Royaume de l'amour, au nom de Jésus.*
2. *Père, je choisis de vivre une vie d'amour en aimant tout le monde ; accorde-moi la grâce nécessaire, au nom de Jésus.*
3. *Pose ta main sur ton cœur et prie cinq fois : « Je reçois la grâce d'aimer ceux qui sont aimables et ceux qui ne le sont pas, au nom de Jésus. »*
4. *Père, purifie mon cœur de toute attitude qui détruit l'amour et la collaboration avec les autres, au nom de Jésus.*
5. *Père, donne-moi la grâce de vaincre le mal par le bien, et non l'inverse, au nom de Jésus.*

Jeudi 12 mars **LE VÊTEMENT SANS TACHE**

Lis : Ecclésiaste 9:7-10

La Bible en 1 an : Hos. 1-4
La Bible en 2 ans : Exo. 33-34

« Que tes vêtements soient toujours blancs, et que l'huile ne manque point sur ta tête » (Ecclésiaste 9:8).

Imagine que tu portes un costume blanc immaculé et tout neuf pour un mariage. Tu ferais extrêmement attention à l'endroit où tu t'assieds, aux personnes que tu enlaces et à la proximité du buffet. Tu ne serais ni « légaliste » ni « grincheux », mais tu chercherais simplement à protéger ton apparence, car tu accordes de la valeur à ce vêtement. La sainteté ressemble beaucoup à ce costume blanc. C'est un vêtement spirituel que nous recevons par la grâce, mais la Bible nous rend responsables de le garder blanc dans un monde rempli d'influences « boueuses ».

Dans la Bible, Josué, le souverain sacrificateur, se tient devant Dieu, vêtu d'habits sales, jusqu'à ce que le Seigneur ordonne : *« Ôtez-lui les vêtements sales. »* C'est Dieu qui fournit la robe blanche de la justice, mais c'est à nous de choisir les chemins que nous empruntons. Tu ne peux pas fréquenter des environnements remplis de médisance, de méchanceté ou de compromis et t'attendre à ce que ton vêtement reste blanc. De petites taches — un « petit » mensonge ici, une « légère » rancune là — finissent par ternir l'éclat de ta vie spirituelle, jusqu'à ce que l'« huile » du Saint-Esprit ne coule plus librement.

Pour grandir dans la sainteté, tu dois développer une saine « sensibilité aux taches ». Il ne s'agit pas de vivre dans la peur, mais dans l'amour de celui qui t'a revêtu. Lorsque tu accordes de la valeur à ta relation avec Dieu, tu évites naturellement ce qui souille ta conscience.

Si toutefois tu trébuches et que tu te taches, n'attends pas le dimanche pour régler la situation. Cours immédiatement vers le sang de Jésus pour être purifié(e). Garde tes vêtements blancs et tu verras que l'huile de la faveur et de l'autorité ne manquera jamais sur ta tête.

Action pratique : *Aujourd'hui, identifie une zone grise dans ta vie — une habitude ou une manière de parler qui a tendance à troubler ta paix — et décide de l'abandonner.*

Prions :

1. *Père, je te remercie de m'avoir revêtu du vêtement de ta justice.*
2. *Seigneur, donne-moi un cœur sensible qui reconnaît rapidement les « taches » du péché.*
3. *Seigneur, je reçois la grâce de m'éloigner des environnements qui souillent mon esprit.*
4. *Père, que le feu du Saint-Esprit consume toute impureté cachée dans ma vie !*
5. *Saint-Esprit, que ton huile demeure fraîche sur ma tête, tandis que je marche aujourd'hui dans la pureté.*

Vendredi 13 mars **LE FEU DU RAFFINEUR**

Lis : Malachie 3:1-4

La Bible en 1 an : Hos. 5-7
La Bible en 2 ans : Exo. 35

« Il s'assiéra, fondra et purifiera l'argent ; il purifiera les fils de Lévi, il les épurera comme l'or et l'argent » (Malachie 3:3).

Dans l'Antiquité, lors du raffinage de l'argent, le raffineur s'asseyait devant le four et maintenait le métal dans la partie la plus chaude de la flamme. Cette technique permettait de consumer les « scories », ces impuretés qui rendent le métal terne et fragile. Comment le raffineur savait-il que le processus était terminé ? Il savait que l'argent était pur lorsqu'il pouvait y voir clairement son propre reflet. C'est exactement ce que Dieu est en train de faire dans ta vie. La sainteté n'est pas une punition de la part de Dieu ; c'est son œuvre pour retirer les scories et pouvoir ainsi voir son reflet en toi.

Nous prions souvent pour « l'élargissement » et « l'élévation », mais nous évitons la chaleur du raffineur. Cette chaleur se manifeste par les corrections divines, les convictions du Saint-Esprit ou les épreuves qui mettent à l'épreuve notre intégrité. Lorsque tu es tenté de perdre patience, mais que le Saint-Esprit te murmure : « Sois patient », c'est la chaleur de la fournaise. Lorsque tu es tenté de prendre un raccourci financier, mais que tu choisis la voie plus longue de l'honnêteté, un peu plus de scories est consumé. Dieu ne cherche pas seulement à te faire « briller » ; il cherche à te rendre pur.

L'or est plus précieux que le fer, car il a traversé davantage de feux. Si tu veux porter la gloire de Dieu, tu dois être disposé à laisser le feu consumer ton orgueil, tes convoitises et tes dépendances cachées. Ne fuis pas le feu de la Parole de Dieu. Accueille-le, car de l'autre côté de la fournaise se trouve une version de toi qui ressemble au Maître : Jésus-Christ.

Action pratique : *Sois attentif à tes impulsions aujourd'hui. Lorsque tu ressens de l'orgueil ou de l'irritation, arrête-toi et dis : « Seigneur, que ton feu consume ces scories », puis choisis une réponse sainte à la place.*

Prions :

1. *Père, je te remercie de m'aimer suffisamment pour raffiner et purifier mon âme, au nom de Jésus.*
2. *Seigneur, que ton feu consume aujourd'hui toute « scorie » de péché et d'orgueil dans mon cœur, au nom de Jésus !*
3. *Accorde-moi la grâce de supporter la chaleur de ta correction sans murmurer, au nom de Jésus.*
4. *Père, que ma vie soit le reflet clair du caractère de Jésus-Christ, au nom de Jésus.*
5. *Saint-Esprit, purifie mes pensées et mes motivations jusqu'à ce qu'elles soient transparentes à tes yeux, au nom de Jésus.*

Samedi 14 mars

PARTIR DANS DE BONNES CONDITIONS POUR BIEN COMMENCER

Lis : Genèse 13 : 8-11

La Bible en 1 an : Hos. 8-10
La Bible en 2 ans : Exo. 36

« Heureux ceux qui procurent la paix, car ils seront appelés fils de Dieu » (Matthieu 5:9).

La vie est faite de saisons. Dans une nouvelle saison, Dieu peut te conduire à quitter un emploi ou un poste de leadership pour commencer quelque chose de nouveau. Ce n'est pas un péché lorsque Dieu est à l'origine de cette nouvelle direction.

Dans Genèse 13, Abram et Lot ont été confrontés à des tensions liées à la croissance. Au lieu de laisser le conflit corrompre leur relation, Abram a choisi la paix, l'honneur et la confiance en Dieu. Il n'a ni saisi, ni rivalisé, ni manipulé son neveu. Il a laissé à Dieu l'espace nécessaire pour agir à sa manière.

La séparation biblique n'est jamais fondée sur l'offense, l'orgueil ou la rébellion. Elle découle d'une direction divine et s'opère avec intégrité. David a refusé de nuire à Saül, même lorsque celui-ci faisait obstacle à son avancement. Joseph n'a pas forcé sa sortie de prison ; Dieu l'a promu au moment opportun. L'Écriture montre de manière constante que Dieu bénit les transitions propres, paisibles et honorables.

Bien partir est essentiel, car la manière dont on quitte une saison détermine la façon dont on entre dans la bénédiction de la suivante. Lorsqu'elle se fait dans l'immoralité, par les commérages, le vol d'idées ou des manœuvres cachées, elle pollue l'avenir. En revanche, lorsqu'elle se fait dans l'humilité, la transparence et l'excellence, Dieu lui-même devient ton défenseur et ton promoteur.

Un fruit mûr se détache naturellement de l'arbre sans arracher la branche. Il tombe parce qu'il est mûr, non parce qu'il est amer. De la même manière, une séparation selon Dieu se produit lorsque la saison est accomplie, et non lorsque les cœurs sont blessés.

Lorsque Dieu te conduit à démarrer ta propre œuvre, il t'appelle à achever fidèlement l'œuvre qui est entre tes mains, à honorer l'autorité et à lui faire confiance pour la faire prospérer la tienne. Des mains propres attirent le soutien divin.

Action pratique : *As-tu reçu de Dieu le fardeau de quitter ton lieu de service actuel pour commencer quelque chose de nouveau ? Prie et cherche conseil afin de recevoir la sagesse nécessaire pour le faire correctement.*

Prions :

1. *Père, je te remercie pour la saison, les personnes et les opportunités que tu as utilisées pour me préparer, au nom de Jésus.*
2. *Seigneur, purifie mes motivations et délivre-moi de l'orgueil, de l'offense et de l'amertume lors de chaque transition, au nom de Jésus.*
3. *Accorde-moi la sagesse de me séparer uniquement selon ta volonté, et non sous l'effet des émotions ou de la pression, au nom de Jésus.*
4. *Père, aide-moi à honorer l'autorité et à mener à bien chaque mission avec fidélité et excellence, au nom de Jésus.*

5. *Père, permets-moi de jouir du fruit de mon travail cette année, au nom de Jésus.*

Dimanche 15 mars

L'AMOUR CROIT LE MEILLEUR

Lis : 1 Corinthiens 13 : 1-7

La Bible en 1 an : Hos. 11-14
La Bible en 2 ans : Exo. 37-38

« L'amour… excuse tout, croit tout, espère tout, supporte tout » (1 Corinthiens 13:7).

L'une des caractéristiques les plus puissantes de l'amour de Dieu est sa capacité à croire le meilleur des autres. Dans un monde rempli de cynisme et de méfiance, l'amour choisit d'exprimer sa foi en la capacité de changement et de croissance des autres. Lorsque tu aimes quelqu'un, tu ne le vois pas seulement tel qu'il est, mais tel qu'il peut devenir entre les mains de Dieu. Cette attente positive déclenche souvent la transformation que nous désirons voir.

N'abandonne pas tes relations, même lorsqu'elles traversent une période difficile. Qu'il s'agisse d'un enfant rebelle ou d'un conjoint distant, l'amour continue d'espérer et d'attendre le meilleur. Ce type d'amour ne vient pas de l'homme ; il nécessite l'aide surnaturelle du Saint-Esprit. Comme le dit l'épître aux Romains (5:5), l'amour de Dieu est répandu dans nos cœurs par l'Esprit. Lorsque ta propre force s'épuise, puise dans le réservoir de l'amour divin.

Si tu veux voir une transformation dans ton foyer ou sur ton lieu de travail, commence par changer ta manière de voir et de parler des autres. Remplace la critique par l'espérance. Lorsque tu penses le meilleur d'une personne, tu crées un environnement dans lequel elle peut s'épanouir. Demande aujourd'hui à Dieu une nouvelle effusion de son amour afin de refléter son cœur à tous ceux que tu rencontres.

Action pratique : *Identifie une personne envers qui tu as été critique et trouve aujourd'hui une chose positive à lui dire ou à dire à son sujet.*

Prions:

1. *Père, merci de croire le meilleur à mon sujet, même lorsque j'échoue.*
2. *Seigneur, guéris mon cœur de toute blessure qui me rend méfiant envers les autres.*
3. *Seigneur, accorde-moi la grâce de croire au potentiel de ceux qui m'entourent.*
4. *Père, que ton amour en moi soit plus fort que toute déception que je traverse.*
5. *Seigneur, utilise mes paroles d'espérance pour encourager quelqu'un qui est sur le point d'abandonner.*

Lundi 16 mars

OFFRIR UNE SECONDE CHANCE

Lis : Luc 15 : 11-32

La Bible en 1 an : Mic. 1-3
La Bible en 2 ans : Exo. 39

« Soyez bons et compatissants les uns envers les autres ; pardonnez-vous réciproquement, comme Dieu vous a pardonné en Christ » (Éphésiens 4:32).

La miséricorde ne se limite pas à aider les pauvres ; elle consiste également à offrir une seconde chance. Lorsqu'on nous blesse, notre réaction naturelle est de vouloir se venger ou d'effacer la personne de notre vie. Pourtant, la sagesse qui vient d'en haut est pleine de miséricorde. Plus nous nous rapprochons de Dieu, plus nous devenons patients face aux faiblesses et aux erreurs des autres. Si Dieu nous a accordé une seconde chance, comment pourrions-nous la refuser à ceux qui nous offensent ?

Considère le père du fils prodigue. Il n'a pas attendu que son fils termine ses excuses ; il est allé à sa rencontre, l'a pris dans ses bras et l'a restauré immédiatement. Voilà le cœur d'une personne élargi par l'amour. Au lieu de l'amertume ou de la dureté, nous sommes appelés à la bonté et à la miséricorde. Y a-t-il quelqu'un dans ta vie que tu as « rayé » ? Aujourd'hui, Dieu te demande d'accorder la même grâce qu'il t'a accordée.

Être miséricordieux ne signifie pas approuver le péché, mais accorder davantage d'importance à l'âme qu'à l'offense. Lorsque nous offrons une seconde chance, nous reflétons le caractère du Christ, lui qui a prié pour ceux qui l'ont crucifié. Cette semaine, choisis d'être une personne qui bâtit des ponts plutôt que des murs. Ta miséricorde pourrait être l'élément déclencheur de la repentance chez quelqu'un.

Action pratique : *Pense à une personne à qui tu as manqué de gentillesse récemment et contacte-la pour lui adresser une parole bienveillante ou lui proposer une seconde chance.*

Prions :

1. *Seigneur, je te remercie pour les nombreuses secondes chances que tu m'as accordées.*
2. *Seigneur, aide-moi à faire preuve de bonté et de miséricorde envers ceux qui m'ont déçu.*
3. *Père, ôte de mon cœur tout esprit d'orgueil et d'autosuffisance spirituelle.*
4. *Seigneur, donne-moi un cœur qui privilégie la réconciliation plutôt que la vengeance.*
5. *Père, que ta miséricorde coule à travers moi pour toucher quelqu'un qui lutte.*

Prières prophétiques de la semaine

1. ***« Tu trouveras grâce et succès. » (Proverbes 3:4).*** *La faveur de Dieu m'ouvrira aujourd'hui des portes inhabituelles, au nom de Jésus.*
2. ***« Humiliez-vous… afin qu'il vous élève. » (1 Pierre 5:6).*** *Je reçois aujourd'hui l'élévation et la promotion divines, au nom de Jésus.*
3. ***« Oui, le bonheur et la grâce m'accompagneront. » (Psaume 23:6).*** *En sortant aujourd'hui, je suis revêtu(e) du vêtement de la miséricorde et de la faveur, au nom de Jésus.*

Mardi 17 mars **L'ÉPREUVE DE LA PROMOTION**

Lis : Deutéronome 8:11-14

La Bible en 1 an : Mic. 4-7
La Bible en 2 ans : Exo. 40

« Mais il accorde une grâce plus excellente. C'est pourquoi l'Écriture dit : Dieu résiste aux orgueilleux, mais il fait grâce aux humbles » (Jacques 4:6).

Sais-tu que la promotion est à la fois une bénédiction et une épreuve ? Beaucoup prient pour être élevés, mais peu restent humbles lorsque Dieu exauce leurs prières.

Chaque promotion révèle ce qui règne réellement dans le cœur. L'Écriture avertit : *« Lorsque tu mangeras et te rassasieras, garde-toi d'oublier l'Éternel. »* Le succès sans humilité est la semence de la chute. Plus Dieu t'élève, plus tu dois t'abaisser devant lui.

Joseph gouvernait l'Égypte sans jamais perdre sa tendresse envers Dieu et envers les hommes. Bien qu'il fût investi d'un grand pouvoir, il pleurait encore avec compassion et rendait gloire à Dieu pour chacune de ses réussites. À l'inverse, le roi Saül avait commencé dans l'humilité, mais l'orgueil et la désobéissance l'ont détrôné. La promotion révèle le caractère. Ce que la pression révèle, la puissance l'amplifie.

Un jeune pasteur a un jour raconté comment son petit ministère était devenu une influence à l'échelle de la ville. Au début, il servait avec humilité, mais lorsque la notoriété est arrivée, il a commencé à négliger la prière et l'encadrement spirituel. En quelques années, des scandales et des conflits l'ont fait chuter. Plus tard, en larmes, il a reconnu : « J'ai perdu ma couronne le jour où j'ai perdu mon humilité.

» Dieu restaure, mais il résiste aux orgueilleux et fait grâce aux humbles.

L'humilité n'est pas une faiblesse, c'est une force maîtrisée. Elle reconnaît que chaque réussite est un don de la grâce. La véritable humilité ne nie pas le succès ; elle en redirige la gloire vers Dieu. Lorsque tu te souviens de ta source, ton succès demeure en sécurité.

L'épreuve de la promotion ne se mesure pas à la hauteur à laquelle tu montes, mais à la profondeur à laquelle tu demeures devant Dieu. Garde ton cœur, sers les autres et laisse la gratitude ancrer ta grandeur.

Action pratique : *Prends le temps aujourd'hui de remercier sincèrement Dieu pour chacune des promotions qu'il t'a accordées. Engage-toi à rester humble.*

Prions :

1. *Père, je te remercie pour chaque promotion et chaque opportunité que tu m'as accordées, au nom de Jésus.*
2. *Seigneur, garde-moi humble et dépendant de toi à chaque niveau de réussite, au nom de Jésus.*
3. *Père, délivre-moi de l'orgueil, de la comparaison et de la recherche de ma propre gloire, au nom de Jésus.*
4. *Père, que mon succès reflète ta grâce et non ma force, au nom de Jésus.*
5. *Seigneur, aide-moi à utiliser ma promotion pour servir les autres et faire avancer ton Royaume, au nom de Jésus.*

Mercredi 18 mars

QUELQU'UN POUR SE TENIR À LA BRÈCHE

Lis : 1 Rois 18 : 21-24, 36-39

La Bible en 1 an : Nah. 1-3
La Bible en 2 ans : Lev. 1-2

« Je cherchai parmi eux un homme qui élevât un mur, qui se tînt à la brèche devant moi en faveur du pays, afin que je ne le détruise pas ; mais je n'en trouvai point » (Ézéchiel 22:30).

Dieu peut utiliser une seule personne disponible pour transformer toute une nation. Tu te demandes peut-être : « Une personne comme moi peut-elle vraiment faire la différence ? » L'histoire répond clairement : oui. Un seul homme, Adolf Hitler, possédé par le mal, a influencé l'Allemagne et une grande partie de l'Europe pour le pire, entraînant le monde dans une guerre qui a coûté la vie à environ 75 millions de personnes. Si le diable peut utiliser une seule personne pour semer la destruction, combien plus Dieu peut-il utiliser une vie totalement abandonnée à sa cause pour opérer une transformation ?

La puissance de Dieu à travers une seule personne est clairement visible dans la vie de Billy Graham. Oint par Dieu, il est devenu l'un des évangélistes les plus influents de l'histoire, annonçant l'Évangile dans plus de 180 pays. Grâce aux croisades, à la radio et à la télévision, des milliards de personnes ont entendu le message du salut. Dieu a utilisé un seul serviteur obéissant pour toucher des nations et des générations.

Aucune nation n’est hors de portée de Dieu. L’histoire d’Israël en est la preuve. Durant les jours sombres d'Achab et de Jézabel, la corruption spirituelle dominait le pays. Pourtant, Dieu a suscité un seul homme : Élie. Lorsque le feu est descendu du ciel sur le mont Carmel, le peuple a crié : « L’Éternel, c’est lui qui est Dieu ! » Ce moment a marqué un tournant vers le réveil et la restauration (1 Rois 18).

De nos jours, comme au temps d’Élie, Dieu cherche encore des femmes et des hommes prêts à restaurer les valeurs brisées et à prier pour empêcher l’effondrement moral et spirituel. Bâtir la muraille signifie affermir la justice, la vérité et un leadership selon Dieu là où ils ont été négligés. La véritable tragédie n'est pas le jugement de Dieu, mais le manque de personnes disposées à prendre leurs responsabilités et à se tenir à la brèche.

Dieu n’a jamais dit qu’il fallait tout le monde pour guérir une nation. Il a dit : « Si mon peuple… » (2 Chroniques 7:14). Il n’a pas d’abord appelé à des manifestations ou à des stratégies, mais à la prière. Lorsque le peuple de Dieu prie, cherche sa face et s’humilie, la guérison s'opère. Notre rôle est simple : prier, croire et obéir.

Action pratique : *Engage-toi à te tenir à la brèche par la prière et par une vie juste.*

Prions :

1. *Père de miséricorde, je t’adore parce que tu es celui qui établit les ministères.*
2. *Père, oins-moi et utilise-moi pour impacter ma génération, au nom de Jésus.*
3. *Père, toi qui as utilisé Élie pour bénir Israël, utilise-moi pour bénir ma nation, au nom de Jésus.*

4. *Père, fortifie ceux que tu as appelés à activer le feu du réveil dans cette nation et utilise-les davantage, au nom de Jésus.*
5. *Père, suscite des hommes et des femmes justes comme Joseph pour aider cette nation à sortir de la captivité économique.*

Jeudi 19 mars **LES 3 ARMES DE L'ENNEMI**

Lis : Luc 4:1-13, 28-30

La Bible en 1 an : Hab. 1-3
La Bible en 2 ans : Lev. 3-4

« Toute arme forgée contre toi sera sans effet, et toute langue qui s'élèvera contre toi en justice, tu la condamneras. Tel est l'héritage des serviteurs de l'Éternel, telle est la justice qui leur vient de moi, dit l'Éternel » (Ésaïe 54:17).

Satan est un ennemi vaincu, mais il continue de déployer des stratagèmes pour affaiblir le peuple de Dieu. Ésaïe nous rappelle que les armes forgées contre ceux qui appartiennent au Seigneur ne prospéreront pas. Comprendre ses principales stratégies nous permet de résister au diable avec assurance en Christ.

1. ***La séduction*** : l'ennemi cherche à attirer les croyants dans le compromis, le péché et les faux enseignements. Il a tenté de séduire Jésus dans le désert en lui proposant des raccourcis vers la gloire (Luc 4, 3-11). La séduction flatte la chair, mais aveugle l'esprit. La victoire vient par la soumission à Dieu, la fermeté dans la vérité et la résistance par la Parole.

2. ***La destruction*** : Satan cherche également à anéantir des destinées avant qu'elles n'éclosent. Hérode ordonna le massacre des enfants innocents pour empêcher la venue du Messie (Matthieu 2:16). Des foules tentèrent de

précipiter Jésus du haut d'une colline (Luc 4, 29-30). Son objectif est soit de provoquer une mort prématurée, soit de dévier le dessein divin. Mais, comme Jésus, nous devons prier avec ferveur et marcher sous la protection divine. Dieu fera échouer tous les plans destructeurs de Satan contre toi cette année.

3. ***L'accusation*** : enfin, Satan accuse afin de paralyser les croyants intérieurement et de susciter l'opposition contre eux (Apocalypse 12:10). Jésus a été faussement accusé d'être possédé par un démon (Jean 7:20) et d'agir par la puissance de Satan (Matthieu 12:24). Les accusations visent à te couvrir de honte et à réduire ta voix au silence. Pour remporter la victoire, il faut s'appuyer sur la justice du Christ, à réduire les mensonges au silence par la vérité et à rester concentré sur la mission que Dieu nous a confiée.

Beaucoup de croyants témoignent qu'ils ont cessé de croire aux mensonges accusateurs de Satan et ont commencé à proclamer les promesses de Dieu, ce qui a rempli leur cœur de paix et d'assurance. Le sang de Jésus parle plus fort que toute voix mensongère.

Action pratique : *Mets aujourd'hui de côté au moins 30 minutes pour prier avec ces passages afin de te protéger de toute attaque satanique que tu affrontes actuellement (Hébreux 2:14-15 ; Apocalypse 12:11 ; Deutéronome 28:7 ; Romains 8:35-39).*

Prions :

1. *Père, je te remercie pour la promesse selon laquelle aucune arme forgée contre moi ne prospérera, au nom de Jésus.*
2. *Seigneur, délivre-moi de toute séduction liée au péché, au compromis et aux faux enseignements, au nom de Jésus.*

3. *Père, lève-toi et disperse tout plan démoniaque destructeur destiné à interrompre prématurément ma destinée, au nom de Jésus.*
4. *Je réduis au silence toute langue accusatrice qui s'élève contre moi et j'expose les mensonges de l'ennemi, au nom de Jésus.*
5. *Père, remplis-moi de discernement, de force et de sagesse pour triompher de tout stratagème, au nom de Jésus.*

Vendredi 20 mars

LE SECRET DE LA VIE CACHÉE

Lis : Colossiens 3:1-5

La Bible en 1 an : Zeph. 1-3
La Bible en 2 ans : Lev. 5-6

« Car vous êtes morts, et votre vie est cachée avec Christ en Dieu » (Colossiens 3:3).

Dans le domaine militaire, la technologie furtive permet de rendre les avions invisibles aux radars ennemis. Grâce à des formes et à des revêtements spécifiques, l'appareil peut pénétrer un territoire hostile sans être détecté. En tant que croyant, la sainteté est ton « revêtement furtif ». Lorsque tu mènes une vie véritablement consacrée, tu es « caché(e) avec le Christ ».

Le radar de l'ennemi — tentation et destruction — cherche toujours la « signature thermique » de la chair : l'orgueil, la convoitise, la colère. Lorsque ces signaux sont absents parce que tu es mort à toi-même, l'ennemi ne trouve rien à quoi s'accrocher.

La sainteté ne consiste pas à être « vu » par les hommes, mais à être « caché » en Dieu. Jésus a parfaitement vécu cette vie cachée. Il pouvait traverser une foule qui voulait le lapider, car il était parfaitement aligné sur la volonté du Père. Beaucoup d'entre nous luttent contre les mêmes combats récurrents, car trop de « chair » est encore exposée. Nous sommes trop visibles sur le radar de l'ennemi parce que nous cherchons encore l'approbation des hommes ou les plaisirs du monde. Il faut diminuer dans ta propre estime jusqu'à ce que seul Christ soit visible.

Une vie cachée est une vie invincible. Lorsque tu es mort à ta réputation et que tu vis uniquement pour Dieu, les « flèches » de la critique, de l'offense et de la tentation perdent leur cible. Tu ne te laisses plus facilement provoquer, parce qu'il n'y a plus de « moi » à offenser.

Aujourd'hui, choisis de te retirer dans le lieu secret. Laisse tes motivations être purifiées dans la chambre cachée de la prière. Plus tu te caches en Christ, plus la puissance de Dieu se manifestera à travers toi.

Action pratique : ***Identifie un domaine dans lequel tu cherches actuellement de l'attention ou dans lequel tu te sens facilement offensé. Choisis intentionnellement de « te cacher » aujourd'hui en posant un acte de bonté en secret ou en refusant de te justifier.***

Prière :

1. *Père, je te remercie car ma vie est en sécurité, cachée en Christ.*
2. *Seigneur, que toute « signature charnelle » dans mon caractère soit neutralisée par ton Esprit.*
3. *Seigneur, cache-moi aux regards du destructeur et aux pièges de l'oiseleur.*
4. *Père, aide-moi à mourir chaque jour à ma propre volonté afin que le Christ vive en moi.*
5. *Esprit Saint, attire-moi plus profondément dans le lieu secret où mes forces sont renouvelées.*

Samedi 21 mars

L'ARCHITECTURE DE L'INTÉGRITÉ

Lis : Proverbes 11 : 1-5 ;
Amos 7:7-9

La Bible en 1 an : Aggée 1-2
La Bible en 2 ans : Lev. 7-8

« L'intégrité des hommes droits les dirige, mais la perversité des infidèles cause leur ruine. » (Proverbes 11:3)

Dans le domaine de la construction, le « fil à plomb » est un outil simple (un poids suspendu à une ficelle) qui permet de vérifier la verticalité d'un mur. Un mur peut sembler droit à l'œil nu, mais s'il est décalé de quelques millimètres seulement par rapport à l'axe vertical, la gravité finira par provoquer l'effondrement de toute la structure à mesure qu'elle prendra de la hauteur. L'intégrité est le « fil à plomb spirituel » de la sainteté. Elle garantit que ta vie privée est parfaitement alignée avec ton témoignage public. Tu ne peux pas bâtir une vie élevée d' « élargissement » si ton caractère penche vers le compromis.

Beaucoup pensent pouvoir « négocier » avec la sainteté, se disant qu'un peu de malhonnêteté dans les affaires ou une légère exagération dans un témoignage ne fera pas de mal. Mais la sainteté n'est pas une pente glissante ; c'est une norme absolue. Lorsque tu perds ton intégrité, tu perds ton « centre de gravité » spirituel. Sans cela, tu ne peux pas résister à la pression de la promotion.

Dieu a montré au prophète Amos un fil à plomb au milieu de son peuple pour lui révéler qu'il mesurait leurs cœurs, et pas seulement leurs rituels. La véritable sainteté signifie que si l'on faisait passer un fil à plomb à travers tes pensées, tes paroles et tes actions, tout serait parfaitement aligné.

La véritable sainteté est une droiture, c'est-à-dire un alignement vertical avec Dieu. L'intégrité te protège parce qu'elle ôte les « crochets » que l'ennemi utilise pour faire chuter les gens. S'il n'y a pas de mensonge à dissimuler, il n'y a pas de crainte d'être démasqué. S'il n'y a pas d'agenda caché, il n'y a pas de place pour le scandale. Aujourd'hui, laisse le Saint-Esprit vérifier ton alignement. Es-tu la même personne dans l'ombre que dans la lumière ? Bâtis avec le fil à plomb de l'intégrité et ta « maison » demeurera pour toujours.

Action pratique : *Fais aujourd'hui un « audit d'intégrité ». As-tu récemment menti ou pris un « raccourci » ? Reviens sur ta décision, quel qu'en soit le coût pour ton orgueil.*

Prions :

1. ***Père, je te remercie car ta Parole est le véritable fil à plomb de ma vie.***
2. *Seigneur, pardonne-moi pour toute tendance à la malhonnêteté ou à l'hypocrisie.*
3. *Seigneur, établis-moi dans l'intégrité et qu'elle soit mon guide constant.*
4. *Père, ôte toute voie tortueuse de mon cœur et rends mes sentiers droits.*
5. *Saint-Esprit, donne-moi le courage d'être vrai, même lorsque c'est inconfortable.*

Dimanche 22 mars

LA DISCIPLINE DES PORTES

Lis : Psaume 101:1-4 ;
Job 31:1-4

La Bible en 1 an : Mal. 1-2
La Bible en 2 ans : Lev. 9-10

« Je ne mettrai rien de mauvais devant mes yeux ; je hais la conduite des hommes pervers ; elle ne s'attachera point à moi. » (Psaume 101:3)

Dans l'Antiquité, une ville n'était sécurisée qu'à la mesure de ses portes. Même si les murailles faisaient quinze mètres d'épaisseur, l'ennemi pouvait librement entrer si les gardiens s'endormaient ou si les portes restaient grandes ouvertes. Dans la géographie de ton âme, tes yeux et tes oreilles sont les principales « portes ». La sainteté n'est pas seulement une disposition du cœur, c'est aussi une discipline du gardien. Ce que tu laisses passer par tes yeux et tes oreilles finit toujours par s'installer dans ton cœur. Si tu veux un cœur saint, tu dois avoir des portes saintes.

Job comprenait parfaitement cette architecture. Il n'a pas attendu d'être tenté pour pécher ; il a établi une « alliance avec ses yeux » auparavant. Il a établi une règle pour ses portes. Beaucoup de chrétiens se demandent aujourd'hui pourquoi ils luttent contre la convoitise, l'envie ou la peur, alors qu'ils passent des heures à « nourrir » leurs portes avec des films, de la musique et des réseaux sociaux qui glorifient précisément ces choses. Tu ne peux pas contempler des « choses mauvaises » et espérer produire des « pensées saintes ». Pour progresser dans la sainteté, tu dois devenir un gardien inflexible. Tu dois décider que certaines choses n'ont pas le droit d'entrer sur ton territoire.

Être gardien signifie que tu as l'autorité de dire « non ». Quand une conversation glisse vers les commérages, tu fermes la porte de l'oreille. Quand un écran affiche quelque chose qui réveille la chair, tu fermes les yeux. Ce n'est pas être « démodé », c'est se protéger stratégiquement. Lorsque tes portes sont bien gardées, la paix de Dieu peut régner sans être troublée à l'intérieur de tes murs. Aujourd'hui, examine ce que tu laisses entrer. Gardes-tu tes portes ou les laisses-tu grandes ouvertes à toutes les influences ? Sécurise tes portes, et tu sécuriseras ta destinée.

Déclaration prophétique : *Mes yeux ne verront que la beauté de la sainteté ! Mes oreilles n'entendront que la voix de mon Berger. Mes portes sont fermées à l'ennemi et ouvertes au Roi de gloire.*

Prions :

1. *Père, je te remercie de garder les accès de mon âme.*
2. *Seigneur, je me repens de toute « chose mauvaise » que j'ai volontairement regardée.*
3. *Seigneur, aide-moi à conclure aujourd'hui une alliance ferme avec mes yeux et mes oreilles.*
4. *Père, donne-moi le courage de me détourner de toute influence ou conversation impure.*
5. *Esprit Saint, tiens-toi comme le principal veilleur sur mon cœur et sur mes portes.*

Lundi 23 mars

PEUT-ÊTRE AS-TU BESOIN D'UN RÉVEIL

Lis : Apocalypse 2:1-7

La Bible en 1 an : Mal. 3-4
La Bible en 2 ans : Lev. 11

« Mon âme est attachée à la poussière ; rends-moi la vie selon ta parole » (Psaume 119:25).

Chaque croyant a besoin, de temps en temps, d'un réveil spirituel pour rester sur la bonne voie. Notre texte révèle qu'il est possible de se relâcher en chemin et de perdre son premier amour. En tant qu'êtres humains, nous ne sommes pas toujours constants dans notre amour pour Dieu, dans notre ferveur spirituelle et dans notre zèle pour le servir.

Il est urgent de rechercher Dieu pour raviver ton âme lorsque ton feu commence à s'éteindre. Tu as peut-être remarqué que tu ne pries plus avec ferveur ou que tu t'endors pendant la prière, même après avoir bien dormi.

Si tu constates que le péché commence à t'attirer à nouveau, que tu es facilement séduit par des pratiques que tu avais abandonnées par le passé pour suivre Jésus-Christ, c'est le signe que tu as besoin d'un réveil spirituel. Peut-être as-tu du mal à donner la dîme de tes revenus à Dieu ou à soutenir son œuvre, alors que ses bénédictions se déversent chaque jour sur ta vie.

Si tu n'as plus la même joie d'aller dans la maison de Dieu, contrairement à David qui disait : *« Je suis dans la joie quand on me dit : Allons à la maison de l'Éternel » (Psaume 122:1).* Si tu t'absentes de la communion fraternelle sans que ton cœur en soit troublé, c'est un signe que tu as besoin d'un réveil.

Si tu remarques que ton amour pour les autres croyants s'est refroidi, ou que le ressentiment, le manque de pardon ou l'amertume commencent à s'installer dans ton cœur, alors il est temps de prier pour le réveil.

Si tu n'as plus le zèle de témoigner et de gagner des âmes pour Jésus-Christ, ou si tu traînes les pieds lorsque ton Église annonce une campagne d'évangélisation, alors il est temps de rechercher un réveil.

Aujourd'hui, le Seigneur Jésus-Christ te dit : *« Souviens-toi donc d'où tu es tombé ; repens-toi, et pratique tes premières œuvres » (Apocalypse 2:5).* Il te pardonnera et te baptisera d'un feu nouveau.

Action pratique : *Prends un temps pour examiner ta vie, puis repens-toi de tout point que le Saint-Esprit te révélera.*

Prions :

1. *Mon Père et Seigneur de ma vie, je t'adore parce que tu peux préserver mon âme de la destruction.*
2. *Ô Seigneur mon Dieu, j'ai besoin d'un réveil spirituel ; touche mon âme par ton feu et ranime-moi aujourd'hui, au nom de Jésus.*
3. *Saint-Esprit bien-aimé, éclaire les yeux de mon cœur et aide-moi à voir là où je suis tombé, au nom de Jésus.*
4. *Pose ta main sur ton cœur et prie : « Père, embrase-moi de nouveau pour l'adoration, le service et l'évangélisation, au nom de Jésus. »*
5. *Lève ta main et prie cinq fois : « Je reçois maintenant un feu nouveau pour devenir un instrument de réveil dans mon église et dans ma communauté, au nom de Jésus. »*

Prières prophétiques de la semaine

1. **« Sanctifie-les par ta vérité. » (Jean 17:17).** *Je suis enraciné et affermi dans la vérité de Dieu, au nom de Jésus.*

2. **« La révélation de tes paroles éclaire. » (Psaume 119:130).** *Je marche dans la lumière et la révélation de Dieu ; les ténèbres ne domineront pas sur moi, au nom de Jésus.*
3. **« Dieu donne la sagesse à tous ceux qui la lui demandent. » (Jacques 1:5).** *J'opère dans la sagesse divine, au nom de Jésus.*

Mardi 24 mars **LA COMMUNION DE LA LUMIÈRE**

Lis : 1 Jean 1:5-7 ;
2 Corinthiens 6:14-18

La Bible en 1 an : Job 28-31
La Bible en 2 ans : Lev. 12-13

« Mais si nous marchons dans la lumière, comme il est lui-même dans la lumière, nous sommes mutuellement en communion, et le sang de Jésus-Christ, son Fils, nous purifie de tout péché » (1 Jean 1:7).

Si tu frottes un morceau de craie blanche contre du charbon, la craie ne rend pas le charbon blanc ; au contraire, le charbon noircit la craie. C'est une loi simple de contamination. Dans notre marche spirituelle, la sainteté est fortement influencée par notre « communion ». Tu ne peux pas espérer brûler d'un feu saint si tu t'entoures constamment de « couvertures mouillées » — des personnes qui étouffent ta passion pour Dieu, se moquent de ta consécration ou t'attirent de nouveau vers les zones d'ombre du compromis. Pour croître dans la sainteté, tu dois faire preuve d'intentionnalité quant à la « lumière » dans laquelle tu marches et aux personnes avec lesquelles tu marches.

Marcher dans la lumière signifie vivre une vie de transparence. C'est refuser d'avoir une « vie cachée » dont on aurait honte. Les ténèbres sont un terreau fertile pour le péché ; c'est là que la moisissure se développe et que les secrets pourrissent. Mais dès que tu exposes un combat à la lumière, par la confession et la redevabilité, le pouvoir de ce péché est brisé. Beaucoup restent enfermés dans des cycles de défaite parce qu'ils essaient d'être « saints » dans l'isolement. La véritable croissance spirituelle se produit dans le cadre d'une communion sainte, où nous nous aiguisons mutuellement et nous nous maintenons les uns les autres dans la lumière de la Parole de Dieu.

Choisir des relations saintes ne consiste pas à se croire « plus spirituel que les autres » ; c'est une question de survie spirituelle. Si tes relations les plus proches sont à l'aise avec le péché, tu finiras par l'être aussi. Mais si tu marches avec ceux qui sont « dans la lumière », tu découvriras que le sang de Jésus agit continuellement, purifiant ta conscience et éclairant ton chemin. Aujourd'hui, évalue ton cercle proche. T'aide-t-il à demeurer dans la lumière ou te tire-t-il vers l'ombre ? Entoure-toi de lumière et tu deviendras un phare de sainteté pour le monde.

Action pratique : *Identifie une relation qui te vide constamment de ta force spirituelle ou t'encourage à faire des compromis. Pose aujourd'hui une limite respectueuse et utilise ce temps pour communier avec un croyant qui t'inspire à marcher dans la sainteté.*

Prions :

1. *Père, je te remercie car tu es la lumière et il n'y a en toi aucune ténèbres.*
2. *Seigneur, délivre-moi de toute alliance impie qui affaiblit ma lumière spirituelle.*
3. *Seigneur, place dans ma vie des personnes qui craignent Dieu et qui m'aideront à progresser dans ma relation avec toi.*
4. *Père, accorde-moi la grâce de vivre une vie transparente, libérée du pouvoir des secrets.*
5. *Esprit Saint, que le sang de Jésus me purifie continuellement alors que je marche dans la lumière aujourd'hui.*

Mercredi 25 mars **LA PUISSANCE DU « NON »**

Lis : Tite 2:11-14

La Bible en 1 an : Job 32-34
La Bible en 2 ans : Lev. 14

« Elle nous enseigne à renoncer à l'impiété et aux convoitises mondaines, et à vivre dans le siècle présent selon la sagesse, la justice et la piété » (Tite 2:12).

Dans le monde de l'art, un chef-d'œuvre ne se crée pas uniquement par ce que l'artiste ajoute, mais surtout par ce qu'il ôte. Pour faire apparaître la belle statue cachée dans le bloc de marbre, l'artiste doit dire « non » à la pierre superflue. La sainteté fonctionne de la même manière. La grâce de Dieu n'est pas seulement un « coussin » destiné à couvrir nos péchés ; c'est un enseignant qui nous apprend à dire « non ». Pour marcher dans la sainteté, ton « non » doit être aussi ferme que ton « oui ». Tu ne peux pas dire « oui » au meilleur de Dieu tant que tu n'as pas le courage de dire « non » au « suffisamment bien » du monde.

Beaucoup de croyants luttent parce qu'ils ont du mal à dire « non ». Ils disent non à la tentation le dimanche, mais dès le mardi, ce « non » s'est transformé en « peut-être ». Joseph, en Égypte, avait un « non » solide. Lorsque la femme de Potiphar le pressait jour après jour, son refus ne reposait pas sur la peur d'être découvert, mais sur sa fidélité à Dieu. Il a dit : « Comment ferais-je un aussi grand mal et pécherais-je contre Dieu ? » Son « non » à un plaisir momentané est devenu son « oui » à une vie entière d'autorité au palais. Chaque fois que tu refuses une convoitise mondaine, tu ne perds rien ; tu ôtes le marbre pour révéler le chef-d'œuvre du Christ en toi.

La sainteté est une vie de sobriété. Cela signifie que tu es lucide, et non ivre des valeurs de ce monde. Quand le monde dit : « Tout le monde le fait », la personne sainte est suffisamment sobre pour discerner le piège. Ta capacité à dire « non » à l'impiété est la preuve que la grâce agit en toi. Aujourd'hui, ne considère pas la sainteté comme une liste de « tu ne feras pas », mais comme une série de « non » stratégiques qui protègent ton « oui » à Dieu. Plus tu refuses la chair, plus tu fais de la place à l'Esprit pour étendre ton territoire.

Déclaration prophétique : *Mon « non » est définitif ! Mon « oui » à Dieu est absolu ! Je marche dans la victoire sur toute convoitise mondaine !*

Prions :

1. *Père, je te remercie pour la grâce qui m'enseigne à vivre dans la justice.*
2. *Seigneur, fortifie mon « non » face à toute tentation subtile aujourd'hui.*
3. *Seigneur, délivre-moi du désir d'approbation du monde et des convoitises.*
4. *Père, aide-moi à vivre dans la sobriété et à garder une vision spirituelle claire.*
5. *Saint-Esprit, donne-moi la force d'ôter tout ce qui cache ta gloire en moi.*

Jeudi 26 mars

LES VALEURS DU ROYAUME DANS UN SYSTÈME CORROMPU

Lis : Romains 12 : 1-2

La Bible en 1 an : Job 35-37
La Bible en 2 ans : Lev. 15-16

« Daniel prit la résolution de ne pas se souiller avec les mets du roi ni avec le vin dont le roi buvait ; et il pria le chef des eunuques de ne pas l'obliger à se souiller » (Daniel 1:8).

Tout croyant évoluant dans le monde professionnel est confronté à la pression de se conformer. Dans un monde gouverné par la cupidité, la manipulation et la tromperie, défendre la vérité peut sembler coûteux. Pourtant, c'est précisément là que se mesure la véritable grandeur du Royaume. Dieu appelle ses enfants à briller en vivant selon ses valeurs, et non selon les systèmes corrompus de ce monde. Réussir dans un monde corrompu sans se corrompre, voilà la véritable victoire du croyant.

Daniel vivait à Babylone, un empire païen marqué par l'idolâtrie et le compromis ; pourtant, il *« résolut dans son cœur de ne pas se souiller » (Daniel 1:8).* Sa décision d'honorer Dieu lui valut une promotion divine. Lorsque tu choisis la justice dans un environnement corrompu, tu peux perdre la faveur passagère des hommes, mais tu gagnes celle de Dieu pour l'éternité. Les valeurs du Royaume — la vérité, la justice, l'humilité et la compassion — ne sont pas négociables ; elles définissent notre identité.

Un fonctionnaire chrétien a témoigné qu'on le pressait constamment de falsifier des documents pour en tirer profit. À chaque fois, il refusait avec respect en disant : « Mon intégrité est mon héritage. » Des années plus tard, lorsqu'une nouvelle administration a recherché des agents intègres pour des postes stratégiques, il a été promu. Son intégrité a parlé plus fort que son CV. C'est ainsi que le Royaume progresse : par le caractère, et non par le compromis.

La corruption peut sembler avantageuse sur le moment, mais elle détruit les destinées. Dieu suscite des Daniel dans cette génération. Des hommes et des femmes qui resteront purs dans des systèmes impurs, qui dirigeront avec justice et élèveront leurs nations par l'exemple. Lorsque tu vis selon les valeurs du Royaume, tu deviens une référence pour les autres.

Enfant de Dieu, ne te fonds pas dans la masse pour survivre ; démarque-toi pour faire la différence. Le Dieu qui élève ceux dont le cœur est pur défendra ton nom et élargira ton influence.

Action pratique : *Y a-t-il une norme que Dieu t'appelle à établir dans ton travail ? Prends la décision de la mettre en œuvre dès aujourd'hui.*

Prions :

1. *Père, je te remercie de faire de moi une lumière au milieu des systèmes obscurs, au nom de Jésus.*
2. *Père, fortifie-moi pour que je tienne ferme dans la vérité, même si cela me coûte, au nom de Jésus.*
3. *Seigneur, que les valeurs du Royaume gouvernent mon cœur, mes paroles et mon travail.*
4. *Père, délivre-moi de toute tentation de compromis, au nom de Jésus.*

5. *Je déclare que je défendrai les normes du Royaume et que je prospérerai grâce à l'intégrité divine, au nom de Jésus.*

Vendredi 27 mars **LE POIDS DE LA COURONNE**

Lis : Lévitique 21 : 10-12 ;
2 Timothée 2:3-4

La Bible en 1 an : Job 38-42
La Bible en 2 ans : Lev. 17-18

« Il ne sortira point du sanctuaire et ne profanera point le sanctuaire de son Dieu, car l'huile de l'onction de son Dieu est une couronne sur lui » (Lévitique 21:12).

Dans l'Ancien Testament, le souverain sacrificateur était soumis à des règles plus strictes que le reste du peuple. Il ne pouvait pas participer à certains rites funéraires et devait toujours avoir les cheveux bien coiffés. Ce n'était pas parce que Dieu l'aimait plus que les autres, mais parce qu'il portait « la couronne de l'huile de l'onction ». Plus la position est élevée, plus les exigences sont grandes. La sainteté est le « poids » de la couronne que tu portes. Tu ne peux pas espérer porter une onction de poids tout en menant une vie légère. Pour voir ton autorité s'étendre, tu dois accepter les « contraintes saintes » qui accompagnent le fait d'être porteur de la présence de Dieu.

Beaucoup désirent l'« huile » (la puissance), mais rejettent la « couronne » (la responsabilité de la sainteté). Ils veulent faire comme tout le monde — regarder ce que les autres regardent, parler comme les autres parlent, aller où les autres vont — et s'attendent pourtant à ce que les démons tremblent quand ils parlent. Mais le monde spirituel reconnaît la « couronne ». Les démons ne craignaient pas Jésus uniquement parce qu'il était le Fils de Dieu ; ils le craignaient parce qu'il n'y avait aucune profanation dans son sanctuaire. Il était parfaitement consacré. Lorsque tu acceptes les restrictions de la sainteté, tu n'es pas emprisonné ; tu es établi sur un trône.

La consécration signifie que tu ne t'appartiens plus. Tu es un « sanctuaire ». De la même manière que le palais d'un roi n'est pas un parc public, ta vie n'est pas un lieu où toutes les pensées ou habitudes du monde peuvent circuler librement. Ce qui est « permis » pour d'autres devient « interdit » pour toi à cause de l'onction que tu as reçue. Ce mois-ci, cesse de te plaindre de ce que tu « ne peux pas faire » et commence à célébrer la « couronne » que tu portes. Plus tu honoreras le sanctuaire de ton cœur, plus Dieu honorera les paroles de ta bouche.

Action pratique : *Identifie une habitude courante que tu conserves parce que « tout le monde le fait », et abandonne-la aujourd'hui comme un acte de consécration royale.*

Prions :

1. *Père, je te remercie pour la couronne d'onction que tu as placée sur ma vie.*
2. *Seigneur, aide-moi à respecter les restrictions saintes qui accompagnent ta présence.*
3. *Seigneur, délivre-moi du désir d'être « comme tout le monde », au détriment de mon onction.*
4. *Père, que le sanctuaire de mon cœur demeure saint et ne soit pas profané par les habitudes du monde.*
5. *Esprit Saint, rappelle-moi que je suis un roi chaque fois que je suis tenté de faire des compromis.*

Samedi 28 mars

LA BEAUTÉ DES BALUSTRADES

Lis : Deutéronome 22:8 ;
1 Corinthiens 8:9-13

La Bible en 1 an : Marc 1-3
La Bible en 2 ans : Lev. 19-20

« Quand tu bâtiras une maison nouvelle, tu feras une balustrade autour de ton toit, afin de ne pas mettre du sang sur ta maison, si quelqu'un venait à en tomber » (Deutéronome 22:8).

À l'époque biblique, le toit d'une maison était un lieu de repos et de communion. Dieu ordonna qu'on y construise une « balustrade » (un muret ou une rampe) tout autour. Ce n'était pas parce que le toit était mauvais, mais parce que le bord était dangereux. La sainteté est une « balustrade » de ta vie. C'est la barrière de sécurité qui t'empêche, toi et ceux qui te suivent, de tomber dans le désastre. Te soucies-tu suffisamment de ton âme et de la sécurité de ton prochain pour établir des limites à ta liberté ?

Beaucoup revendiquent leurs « droits » à adopter certains comportements en disant : « La Bible n'interdit pas clairement cela ! » Mais la sainteté pose une question plus élevée : « Est-ce sans danger pour mon âme et pour l'âme de ceux qui m'observent ? » Une personne intègre ne cherche pas à savoir jusqu'où elle peut s'approcher du bord sans tomber ; elle érige un mur bien en retrait du précipice. Ta « balustrade » peut être la décision de ne jamais rester seul avec une personne du sexe opposé ou l'installation d'un filtre sur Internet. Ce ne sont pas des signes de faiblesse, mais des marques de sagesse spirituelle.

Si tu ne construis pas de balustrade, tu fais retomber le « sang » sur ta maison. Cela signifie que ton manque de limites peut faire trébucher un croyant plus jeune ou entraîner ta propre famille dans les conséquences de ta chute. La sainteté est l'acte d'amour suprême envers ta famille. En fixant des normes élevées à ta conduite, tu crées un « toit sûr » où la présence de Dieu peut demeurer sans risque de chute soudaine. Aujourd'hui, examine ton « toit ». As-tu laissé des bords sans protection ? Construis une balustrade dès aujourd'hui pour sécuriser ton avenir.

Action pratique : *Identifie un domaine « légal » mais « dangereux » de ta vie et établis-y aujourd'hui une limite ferme (une balustrade).*

Prions :

1. *Père, je te remercie pour les lois qui me protègent de la chute.*
2. *Seigneur, donne-moi la sagesse de bâtir des « balustrades » autour de ma liberté.*
3. *Seigneur, aide-moi à vivre de manière à ne jamais faire trébucher un frère.*
4. *Père, que ma maison soit préservée de la « culpabilité du sang » liée au compromis.*
5. *Saint-Esprit, montre-moi les « bords » de ma vie qui ont besoin de limites plus solides.*

Dimanche 29 mars

LA SAINTETÉ DE LA MOISSON

Lis : Lévitique 19 : 9-10 ;
Jean 15 : 1-5

La Bible en 1 an : Marc 4-6
La Bible en 2 ans : Lev. 21-22

« Quand tu moissonneras le champ de ton pays, tu ne moissonneras point jusqu'aux extrémités de ton champ… tu les laisseras pour le pauvre et pour l'étranger. Je suis l'Éternel, ton Dieu » (Lévitique 19 : 9-10).

Dans l'économie de Dieu, la sainteté est liée à la manière dont nous gérons nos « coins ». Dans l'Ancien Testament, un cultivateur saint était celui qui laissait les extrémités de son champ non moissonnées afin que les nécessiteux puissent s'en nourrir. La sainteté ne concernait pas seulement ce que le cultivateur ne faisait pas (le péché), mais aussi ce qu'il faisait avec son abondance. Dieu veut que tu passes d'une vie centrée sur « moi » à une vie centrée sur lui. La véritable pureté se manifeste par la générosité du cœur. Si tu es avare, cupide ou égoïste, ton « champ » peut être productif, mais ton cœur ne l'est pas encore.

Une vie sainte est une vie « fructueuse ». Jésus a dit que le sarment qui demeure en lui, la vigne sainte, porte beaucoup de fruits. Mais le fruit n'est jamais destiné à l'arbre lui-même ; il est destiné à être consommé par les autres. Si tu prétends grandir dans la sainteté, il doit y avoir une « moisson » visible de bonté, de patience et de ressources dont les autres peuvent bénéficier. Lorsque nous refusons d'aider «

l'étranger » ou « le pauvre » parce que nous sommes trop focalisés sur notre propre accumulation, nous profanons la moisson que Dieu nous a donnée. La sainteté, c'est reconnaître que tout ce que nous possédons nous a été confié par « l'Éternel, ton Dieu ».

Lorsque tu laisses tes « coins » pour les desseins de Dieu, tu ne perds pas de profit ; tu gagnes un partenaire. Dieu devient le garant de ton champ lorsque tu honores son cœur pour les plus démunis. Ton élargissement n'est pas seulement destiné à ton confort ; il sert à augmenter ta capacité à être une bénédiction.

Aujourd'hui, pose-toi cette question : est-ce que je moissonne mon champ « entièrement » pour moi-même, ou est-ce que je laisse de la place pour que la miséricorde de Dieu passe à travers moi ? Un cœur saint est un cœur généreux.

Action pratique : *Identifie aujourd'hui un « coin » de ton temps ou de tes finances et offre-le à une personne dans le besoin, sans rien attendre en retour.*

Prions :

1. *Père, je te remercie car tu es la source de toute moisson dans ma vie.*
2. *Seigneur, délivre-moi de l'esprit de cupidité et d'égoïsme.*
3. *Élargis mon cœur, Seigneur, pour que je sois généreux envers le pauvre et l'étranger.*
4. *Père, aide-moi à considérer mes ressources comme des instruments pour accomplir tes saints desseins.*
5. *Esprit Saint, fais de moi un sarment fructueux qui glorifie la vigne.*

Lundi 30 mars

FAIS PREUVE DE COMPASSION ENVERS LES AUTRES

Lis : Matthieu 14 : 14-16

La Bible en 1 an : Marc 7-10
La Bible en 2 ans : Lev. 23

« L'âme bienfaisante sera rassasiée, et celui qui arrose sera lui-même arrosé » (Proverbes 11:25).

La compassion est l'amour en action. C'est la capacité à voir au-delà des fautes des autres et à répondre à leurs besoins avec miséricorde et bonté. La compassion est une clé de l'élargissement.

Matthieu 14:14 dit : *« Jésus, étant sorti, vit une grande foule ; il fut ému de compassion pour elle et il guérit les malades. »* La compassion ne lui a pas permis de détourner le regard ; elle l'a poussé à agir : il a guéri leurs malades.

Un croyant qui marche dans la compassion devient un canal par lequel Dieu touche des vies. Si ton amour pour Dieu t'assure une place auprès de lui, ta compassion envers les hommes détermine ton impact sur la terre. L'égoïsme rétrécit l'influence, tandis que la compassion l'élargit. L'Écriture enseigne que ceux qui rafraîchissent les autres seront eux-mêmes rafraîchis. Dieu bâtit des réservoirs pour ceux qui choisissent d'être des rivières.

Le ministère de Jésus était animé par la compassion. Il guérissait les malades, nourrissait les affamés, touchait les rejetés et défendait les opprimés. C'est la compassion qui l'a arrêté devant Bartimée, l'aveugle, qui l'a fait pleurer devant le tombeau de Lazare et qui l'a conduit à pardonner à ceux qui l'ont crucifié. Suivre le Christ, c'est avoir son cœur pour les hommes.

Beaucoup de chrétiens perdent leur puissance spirituelle et leur pertinence parce qu'ils deviennent insensibles à la souffrance humaine. Pourtant, Mère Teresa a justement dit : « La plus grande pauvreté est de se sentir inutile et non aimé. » La compassion guérit cette pauvreté. Lorsque tu deviens un canal de bénédiction pour les pauvres, Dieu veille à ce que tu ne manques jamais d'aide.

Proverbes 11:25 est une loi spirituelle : la générosité attire l'approvisionnement divin. La compassion n'est jamais perdue ; elle revient multipliée. Lorsque tu ouvres ton cœur aux autres, Dieu ouvre le ciel sur ta vie. La main qui donne de l'eau ne se dessèche jamais.

Bien-aimé, demande à Dieu d'adoucir à nouveau ton cœur. Que ta maison, tes paroles et tes actions reflètent la miséricorde de Dieu. La compassion n'est pas une faiblesse ; c'est la force de Christ exprimée par l'amour.

Action pratique : *Prends aujourd'hui du temps pour demander à Dieu d'adoucir ton cœur et de te rendre plus compatissant envers les autres.*

Prions :

1. *Père, je te remercie pour ta miséricorde et ta compassion envers moi, au nom de Jésus.*
2. *Remplis mon cœur et celui de ma famille d'une compassion authentique, au nom de Jésus.*
3. *Seigneur, délivre-moi de l'égoïsme et de la dureté de cœur, au nom de Jésus.*
4. *Père, utilise-moi comme un instrument de consolation et d'aide pour ceux qui souffrent, au nom de Jésus.*

5. *Père, que ma maison devienne un refuge d'amour et de miséricorde, au nom de Jésus.*

Prières prophétiques de la semaine

1. **« L'Éternel est ma lumière et mon salut. » (Psaume 27:1).** *Rien ne me fera craindre ni fuir, au nom de Jésus.*
2. **« Il donnera ordre à ses anges de te garder. » (Psaume 91:11).** *Ma famille et moi sommes escortés aujourd'hui par les anges de Dieu, au nom de Jésus.*
3. **« Christ nous a rachetés de la malédiction. » (Galates 3:13).** *Aucune malédiction ne subsistera dans ma vie, au nom de Jésus.*

Mardi 31 mars **LA DISCIPLINE DE LA LANGUE**

Lis : Jacques 3:1-12 ;
Psaume 141:3-4

La Bible en 1 an : Marc 11-13
La Bible en 2 ans : (Rattrapage)

« Éternel, mets une garde à ma bouche, veille sur la porte de mes lèvres » (Psaume 141:3).

Un petit gouvernail dirige un immense navire et une minuscule étincelle peut embraser une forêt entière. De la même manière, la langue est le « gouvernail » de ta sainteté. Tu ne peux pas prétendre avoir un cœur consacré tout en ayant une langue « relâchée ». La sainteté ne concerne pas seulement l'endroit où tu mets les pieds ou ce que tu vois ; elle concerne aussi ce que tu dis. Si tu passes ta journée à prononcer des paroles d'amertume, de commérage ou des plaisanteries « impures », c'est comme si tu versais de l'encre dans un verre d'eau pure. Pour progresser dans la sainteté, tu dois soumettre ton vocabulaire au Saint-Esprit.

Beaucoup de croyants ont du mal à voir la puissance de Dieu se manifester dans leur vie, car ils « annulent » leurs prières par leurs conversations. Ils prient pour l' « élargissement » le matin, mais parlent de « limitations » et de « plaintes » l'après-midi. Une langue sainte est une langue « guérie ». C'est une langue qui refuse de participer à l'assassinat de la réputation d'autrui. C'est une langue qui dit la vérité, même lorsque le mensonge serait plus commode. Lorsque tu mets une garde à ta bouche, tu reconnais que tes paroles sont des semences qui produiront une moisson dans ton environnement.

Si tu veux marcher dans un niveau d'autorité plus élevé, commence par discipliner ton langage. Avant de parler, demande-toi : « Est-ce vrai ? Est-ce bienveillant ? » Est-ce nécessaire ? » Est-ce saint ? » En fermant la « porte de tes lèvres » à l'impiété, tu crées un espace que le Saint-Esprit remplit de grâce et de discernement prophétique. Celui qui maîtrise sa langue est un « homme accompli », capable de tenir tout son corps en bride. Aujourd'hui, que tes paroles soient « assaisonnées de sel », apportant saveur et guérison à tous ceux que tu rencontres.

Action pratique : *Passe toute cette journée sans prononcer une seule parole négative sur quiconque, y compris sur toi-même.*

Prière :

1. *Père, je te remercie pour le pouvoir de vie et de mort que tu as donné à ma langue.*
2. *Seigneur, je me repens de toutes les paroles vaines ou impures que j'ai prononcées par le passé.*
3. *Seigneur, établis une garde surnaturelle sur ma bouche et sur la porte de mes lèvres.*
4. *Père, que les paroles de ma bouche et la méditation de mon cœur te soient agréables.*
5. *Saint-Esprit, aide-moi à prononcer des paroles qui édifient et ne détruisent jamais.*

Mercredi 1er avril **LE SANG QUI PARLE**

Lis : Exode 12:12-13

La Bible en 1 an : Ésaïe 16-18
La Bible en 2 ans : Lev. 24 ; 25:1-28

« Vous vous êtes approchés de Jésus, le médiateur de la nouvelle alliance, et du sang de l'aspersion qui parle mieux que celui d'Abel » (Hébreux 12:24).

Le sang de Jésus n'est pas silencieux ; il parle. Depuis l'autel du ciel, il proclame sans cesse la miséricorde, le pardon et la victoire pour tous ceux qui appartiennent à Christ. Alors que le sang d'Abel criait vengeance, celui de Jésus crie rédemption. Il fait taire toute accusation de l'ennemi et déclare que la dette du péché que tu devais a été entièrement payée.

Dans l'Ancien Testament, le sang des agneaux offrait une couverture temporaire ; en Christ, nous avons une purification permanente. Son sang établit une alliance qui ne peut être rompue. Chaque fois qu'un croyant invoque le sang, il fait appel à un témoignage divin en sa faveur. Le sang parle dans les tribunaux célestes, dans les combats de la vie et jusque dans les profondeurs de la conscience. Il couvre, il purifie et il triomphe.

Lorsque les Israélites ont marqué leurs portes avec le sang de l'agneau, la mort n'a pas pu entrer. Cette même puissance est encore à l'œuvre aujourd'hui. Le sang de Jésus brise les malédictions, annule les verdicts maléfiques et restaure la paix. Il est ton arme de défense et le sceau de ta vie éternelle. Tu vaincs l'accusateur *« à cause du sang de l'Agneau et à cause de la parole de ton témoignage » (Apocalypse 12:11).*

T'a-t-on dit que tes difficultés viennent d'autels maléfiques qui parlent contre toi ? La vérité, c'est que la puissance du sang de Jésus est infiniment plus grande que celle des autels maléfiques. Bien-aimé, crois en ce que le sang déclare, et non en ce que l'ennemi murmure.

Action pratique : *Prends aujourd'hui du temps pour déclarer le sang de Jésus sur les différents domaines de ta vie et de ta famille.*

Prions :

1. *Merci Jésus pour la puissance de ton sang qui parle en ma faveur.*
2. *Père, que le sang de Jésus fasse taire toute voix d'accusation contre moi.*
3. *Père, couvre ma maison, ma famille et ma destinée de ton sang rédempteur.*
4. *Par le sang, je triomphe de la peur, de la culpabilité et de la condamnation, au nom de Jésus.*
5. *Père, lève-toi dans ma famille et que toute alliance mauvaise soit brisée par l'alliance supérieure de ton sang.*

Jeudi 2 avril

LE COÛT ÉLEVÉ DU PÉCHÉ

Lis : 2 Samuel 12:9-15

La Bible en 1 an : Ésaïe 19-21
La Bible en 2 ans : Lev. 25:29-55 ; 26:1-22

« Car le salaire du péché, c'est la mort ; mais le don gratuit de Dieu, c'est la vie éternelle en Jésus-Christ notre Seigneur » (Romains 6:23).

Le péché promet le plaisir, mais il se paie au prix de la douleur. Le péché de David avec Bath-Shéba a été pardonné, mais ses conséquences se sont fait sentir pendant des années. Sa famille a été déchirée par la violence, la trahison et le deuil. Le pardon efface la culpabilité, mais pas toujours les conséquences. Tel est le prix élevé du péché.

Le mot hébreu « *sakhar* », traduit par « salaire », signifie paiement, rétribution ou récompense. Le péché est un maître cruel qui paie ses serviteurs par la tristesse, la honte et la mort. Tel un repas empoisonné, il peut sembler agréable au début, mais il détruit lentement.

David pleura amèrement lorsque son fils mourut. Plus tard, sa maison fut ravagée par l'inceste, le meurtre et la rébellion. Un seul acte de désobéissance a suffi à ouvrir la porte à une vague de souffrance. L'ennemi cache toujours le prix du péché : il montre le plaisir immédiat, mais dissimule la ruine à long terme.

Un homme vola du pain pour calmer sa faim, mais il finit par passer des années en prison. Son soulagement momentané devint une tragédie durable. Il en est ainsi du péché : il coûte toujours plus que nous ne sommes prêts à payer et nous retient plus longtemps que nous ne le souhaiterions.

Pourtant, le Christ a payé le prix ultime pour nous sur la croix. Son sang nous offre la liberté par rapport au salaire et à la puissance du péché. Nous sommes appelés à marcher dans sa grâce, à considérer le coût avec lucidité et à choisir la sainteté.

Action pratique : *Y a-t-il un péché dans lequel Satan cherche à t'entraîner ? Prends la décision de le surmonter aujourd'hui. Si tu te sens prisonnier, cherche de l'aide.*

Prions :

1. *Père, je te remercie de m'avoir donné la victoire sur le péché et sur le diable par le sang de Jésus-Christ.*
2. *Seigneur, aide-moi à voir le péché comme tu le vois, au nom de Jésus.*
3. *Père, délivre-moi des pièges cachés qui mènent à la destruction, au nom de Jésus.*
4. *Père, lève-toi et que le sang de Jésus-Christ efface toute trace de désobéissance dans ma famille, au nom de Jésus.*
5. *Je réclame la restauration de toutes les vertus et de toutes les bénédictions que Satan a volées à ma famille, au nom de Jésus.*

Vendredi 3 avril **LE PRIX DE NOTRE RÉDEMPTION**

Lis : Ésaïe 53:3-6

La Bible en 1 an : Ésaïe 22-24
La Bible en 2 ans : Lev. 26:23-46 ; 27

« Mais il était blessé pour nos transgressions, brisé pour nos iniquités ; le châtiment qui nous donne la paix est tombé sur lui, et c'est par ses meurtrissures que nous sommes guéris » (Ésaïe 53:5).

Pâques ne commence pas avec le tombeau vide, mais avec la croix. Avant la puissance de la résurrection, il y a eu la souffrance du sacrifice. La croix révèle le véritable prix de notre rédemption. Nos péchés n'ont pas été ignorés ; ils ont été jugés par Dieu. L'humanité n'a pas été abandonnée ; nous avons été rachetés au prix du sang de Jésus.

Des siècles avant la venue de Jésus-Christ, le prophète Ésaïe avait annoncé que le Messie souffrirait pour nous. Jésus Christ a été suspendu à la croix, endurant une douleur insoutenable, le rejet et le poids écrasant des péchés du monde entier. Il a choisi l'amour obéissant plutôt que la fuite, afin que l'humanité soit rachetée. Dans ce moment sacré d'agonie et de silence, l'Innocent a souffert pour les coupables, accomplissant ces paroles : *« Il était transpercé pour nos transgressions, brisé pour nos iniquités ; le châtiment qui nous donne la paix est tombé sur lui. » (Ésaïe 53:5).*

Jésus n'est pas mort pour ses propres péchés, car il n'en avait aucun. Il est mort comme notre substitut. Chaque blessure infligée a porté nos transgressions. Chaque meurtrissure a payé pour nos iniquités. Le châtiment qui devait nous atteindre est tombé sur lui, afin que nous puissions avoir la paix avec Dieu.

En hébreu, le terme traduit par « blessé » véhicule l'idée d'être transpercé. Le Christ a été transpercé non seulement par les clous et la lance, mais aussi par le poids de notre culpabilité. La croix n'est donc pas seulement un symbole de souffrance ; c'est l'autel de l'amour divin. À Golgotha, la justice et la miséricorde se sont rencontrées. Dieu est resté juste tout en sauvant les pécheurs.

Beaucoup célèbrent Pâques sans s'arrêter à la croix. Pourtant, sans la croix, la résurrection n'a aucun sens. Le pardon, la guérison, la réconciliation et la restauration découlent tous du sang que Jésus a versé. La grâce est gratuite pour nous, mais elle lui a coûté très cher.

Lorsque nous contemplons la croix, l'orgueil meurt, la reconnaissance s'élève et l'adoration devient sincère. La croix nous rappelle que nous sommes profondément aimés et pleinement rachetés.

Action pratique : *Jésus est mort pour le salut du monde entier. Partage la bonne nouvelle avec au moins une personne aujourd'hui.*

Prions :

1. *Père, je te remercie de m'avoir aimé au point de donner ton Fils pour ma rédemption.*
2. *Seigneur Jésus, je reçois à nouveau le pardon acquis par ton sang.*
3. *Père, que la puissance de la croix détruise toute culpabilité et toute condamnation dans ma vie, au nom de Jésus.*
4. *Seigneur, guéris chaque domaine brisé de ma vie grâce à l'œuvre accomplie à la croix, au nom de Jésus.*
5. *Père, aide-moi à mener une vie digne du prix que tu as payé pour moi, au nom de Jésus.*

Samedi 4 avril **TOUT EST ACCOMPLI !**

Lis : Jean 19:28-30

La Bible en 1 an : Ésaïe 25-27
La Bible en 2 ans : Marc 1

« Quand Jésus eut pris le vinaigre, il dit : Tout est accompli. Et baissant la tête, il rendit l'esprit » (Jean 19:30).

Lorsque Jésus a crié : « Tout est accompli », ce n'était pas un soupir d'épuisement, mais une proclamation de victoire. Le terme grec utilisé, *« Tetelestai »*, est puissant : il signifie « payé intégralement », « achevé » ou « pleinement accompli ». Lorsqu'une dette était intégralement remboursée à la suite de transactions commerciales, il était inscrit sur une facture en guise de reconnaissance de paiement. À la croix, Jésus a apposé ce mot *« Tetelestai »* sur la plus grande dette de l'humanité : le péché.

À cet instant précis, l'œuvre de la rédemption a été pleinement achevée. Les exigences de la Loi ont été satisfaites. Le prix du péché a été entièrement payé. L'emprise légale de Satan sur l'humanité a été brisée. Le salut n'a pas été reporté, ni partiel, mais parfait. Rien n'avait besoin d'être ajouté. Rien ne pouvait être amélioré. La croix a suffi.

Pourtant, beaucoup de croyants vivent encore comme si quelque chose restait inachevé : ils sont accablés par la culpabilité, essaient de mériter l'approbation de Dieu ou se punissent pour leurs échecs passés. Pâques nous rappelle que le pardon est total, que la grâce est suffisante et que la réconciliation avec Dieu est pleinement assurée. Nous ne combattons pas pour obtenir la victoire ; nous vivons à partir de la victoire.

Nous pouvons entrer dans le repos parce que l'œuvre est accomplie. Nous sommes libres parce que le prix a été payé. Parce que le Christ a tout accompli, nous pouvons marcher avec assurance, reconnaissance et obéissance, non pas pour être sauvés, mais parce que nous le sommes déjà.

Le tombeau vide confirme ce que la croix a proclamé : l'œuvre est achevée.

Action pratique : *Cesse d'essayer de mériter ce que Christ a déjà accompli et repose-toi aujourd'hui dans son œuvre parfaite.*

Prions :

1. *Père, merci pour l'œuvre parfaitement accomplie de Jésus sur la croix.*
2. *Seigneur Jésus, je reçois pleinement ton pardon et ta grâce.*
3. *Je renonce à la culpabilité, à la condamnation et aux efforts charnels, au nom de Jésus.*
4. *Saint-Esprit, aide-moi à vivre chaque jour à partir de la victoire de la croix, au nom de Jésus.*
5. *Jésus a payé le prix total de ma liberté ; je me libère de toute manipulation satanique, au nom de Jésus.*

Dimanche 5 avril **LA PUISSANCE DE LA RÉSURRECTION**

Lis : Luc 22:54-62

La Bible en 1 an : Ésaïe 28-30
La Bible en 2 ans : Marc 2-3

« Afin de connaître Christ, et la puissance de sa résurrection, et la communion de ses souffrances, en devenant conforme à lui dans sa mort » (Philippiens 3:10).

Pâques n'est pas seulement un événement historique à commémorer, c'est aussi une puissance spirituelle à expérimenter. La résurrection de Jésus-Christ a libéré une puissance divine qui a vaincu le péché, triomphé de la mort et brisé l'emprise du tombeau. Cette même puissance de résurrection agit aujourd'hui dans la vie de tout croyant par l'intermédiaire du Saint-Esprit.

« Quelle est, envers nous qui croyons, l'infinie grandeur de sa puissance, se manifestant avec efficacité par la vertu de sa force, qu'il a déployée en Christ en le ressuscitant des morts et en le faisant asseoir à sa droite dans les lieux célestes » (Éphésiens 1:19-20).

La puissance de la résurrection est la puissance d'une vie nouvelle. Elle transforme les cœurs, brise les anciens schémas et permet aux croyants de vivre au-dessus du péché et de la peur. Le christianisme n'est pas une simple amélioration morale de l'ancienne vie, mais la réception d'une vie entièrement nouvelle. Comme l'exprimait Paul, connaître le Christ, c'est aussi expérimenter la puissance qui l'a relevé d'entre les morts.

Avant la résurrection, Pierre était craintif et instable. Sous la pression et la menace, il a renié Jésus à trois reprises

(Luc 22 : 54-62). Mais après la résurrection et l'effusion du Saint-Esprit, il a été radicalement transformé. Dans le livre des Actes 2, le même homme qui avait tremblé devant une servante se tient avec assurance devant des milliers de personnes et annonce Jésus sans crainte. Qu'est-ce qui a changé ? C'est la puissance de la résurrection à l'œuvre en lui. La résurrection a transformé un homme peureux en témoin courageux et un échec en leader.

La puissance de la résurrection du Christ n'élimine pas les défis, mais elle donne la force de les surmonter. Elle nous rend capables de pardonner, d'endurer la souffrance, de vivre dans la sainteté et d'accomplir les missions que Dieu nous confie. Pâques nous rappelle qu'aucune situation n'est trop désespérée pour que Dieu ne puisse la relever.

Action pratique : *Aujourd'hui, prends un moment pour prier avec insistance au sujet d'une situation « morte » dans ta vie. Dieu la ressuscitera.*

Prions :

1. *Père, je te remercie pour la puissance libérée en moi par la résurrection de Jésus-Christ.*
2. *Seigneur, que la puissance de la résurrection apporte la vie dans chaque domaine de ma vie qui est mort, au nom de Jésus.*
3. *Saint-Esprit, rends-moi capable de vivre victorieusement au-dessus du péché et de la peur, au nom de Jésus.*
4. *Père, comme tu as transformé Pierre, transforme-moi en un témoin efficace de Christ, au nom de Jésus.*
5. *Je déclare que la puissance qui a ressuscité Jésus d'entre les morts agit en moi, au nom de Jésus.*

Lundi 6 avril **RESSUSCITÉ POUR VIVRE POUR DIEU**

Lis : Romains 6:1-11

La Bible en 1 an : Ésaïe 31-33
La Bible en 2 ans : Marc 4

« Comme Christ est ressuscité des morts par la gloire du Père, de même nous aussi nous devons marcher en nouveauté de vie » (Romains 6:4).

La résurrection de Jésus-Christ ne se limite pas à sa sortie du tombeau ; elle évoque également notre résurrection avec lui, dans une vie entièrement nouvelle. Pâques invite les croyants à une transformation réelle, et non à une simple célébration. Le salut n'est pas une permission de continuer à vivre dans le péché, mais une invitation à vivre différemment.

Paul est clair : ceux qui ont été unis à Christ dans sa mort le sont aussi dans sa résurrection (Romains 6:5). Notre ancienne vie, dominée par le péché, l'égoïsme et la désobéissance, a été crucifiée avec lui. Une nouvelle vie, portée par la grâce, a commencé. La vie de résurrection se manifeste dans nos choix, nos attitudes et notre conduite.

Lorsque Zachée a rencontré Jésus, sa vie a immédiatement changé (Luc 19 : 1-9). Bien que cette rencontre ait eu lieu avant la crucifixion, elle illustre parfaitement la vie nouvelle en action. Il a fait preuve de repentance publique, a restitué ce qu'il avait volé et s'est engagé à vivre dans la justice. Jésus a déclaré : « Aujourd'hui, le salut est entré dans cette maison » (Luc 19:9). La vie nouvelle produit toujours un comportement nouveau.

Autrefois prisonnière des ténèbres, Marie de Magdala est devenue l'une des premiers témoins du Christ ressuscité (Jean 20 : 11-18). Sa rencontre avec le Christ ressuscité a transformé sa tristesse en mission. Elle est ainsi passée des larmes au tombeau à cette puissante déclaration : *« J'ai vu le Seigneur »* (Jean 20:18). La vie de résurrection transforme les cœurs brisés en messagers d'espérance.

Après la résurrection, les croyants ne vivaient plus comme avant. Ils marchaient dans l'unité, la générosité et un témoignage rempli d'assurance. La Parole dit : « C'est avec une grande puissance que les apôtres rendaient témoignage de la résurrection du Seigneur Jésus » (Actes 4 : 33). Un Christ ressuscité produit un style de vie ressuscité.

Pâques nous confronte à une question essentielle : vivons-nous encore l'ancienne vie, ou marchons-nous réellement en nouveauté de vie ?

Action pratique : *Identifie une ancienne habitude et décide d'y renoncer. Adopte un nouveau comportement, à l'image du Christ, pour témoigner de la vie de résurrection qui agit en toi.*

Prions :

1. *Père, je te remercie parce que je suis ressuscité avec Christ pour marcher dans une vie nouvelle.*
2. *Père, par la puissance de la résurrection, brise en moi tout ancien schéma de péché, au nom de Jésus.*
3. *Saint-Esprit, aide-moi à vivre chaque jour dans l'obéissance et la sainteté, au nom de Jésus.*
4. *Je choisis de vivre pour Dieu et non pour le péché, au nom de Jésus.*
5. *Je m'élève au-dessus des limitations sataniques et des œuvres de la chair par la puissance de la résurrection qui agit en moi, au nom de Jésus.*

Prières prophétiques de la semaine

1. **« Le sentier des justes brille de plus en plus. » (Proverbes 4:18).** *Ma destinée devient de plus en plus claire et lumineuse, au nom de Jésus.*
2. **« Que l'Éternel te bénisse et te garde. » (Nombres 6:24).** *Je suis béni par Dieu ; aucune parole humaine ne peut m'atteindre, au nom de Jésus.*
3. **« Celui qui est en vous est plus grand. » (1 Jean 4:4).** *Rien ne m'intimidera aujourd'hui, au nom de Jésus.*

Mardi 7 avril

L'AMOUR : LE FONDEMENT D'UNE FAMILLE BÉNIE

Lis : 1 Corinthiens 13:4-8

La Bible en 1 an : Ésaïe 34-36
La Bible en 2 ans : Marc 5

« Maintenant donc ces trois choses demeurent : la foi, l'espérance, l'amour ; mais la plus grande de ces choses, c'est l'amour » (1 Corinthiens 13:13).

Toute famille véritablement bénie repose sur un fondement inébranlable : l'amour. Pas l'argent. Pas l'instruction. Pas les titres. La Parole est claire : l'amour est la valeur la plus grande. Lorsqu'il fait défaut, même un foyer très pieux devient fragile. Mais là où l'amour règne, même les familles imparfaites s'épanouissent. Veux-tu voir ta famille prospérer ? Fais tout ce qui est en ton pouvoir pour cultiver un amour sincère et concret.

La Bible décrit l'amour comme patient, plein de bonté, désintéressé, prompt à pardonner et persévérant (1 Corinthiens 13 : 4-8). Il ne s'agit pas d'un simple attachement humain, mais de l'agapè, l'amour selon Dieu. L'agapè est un amour inconditionnel, sacrificiel et volontaire. Il ne dépend pas des émotions, mais d'un choix soutenu par Dieu. Romains 5:5 nous rappelle que cet amour est répandu dans nos cœurs par le Saint-Esprit.

Beaucoup de conflits familiaux ne sont pas causés par le diable. Ils sont simplement dus à l'absence d'amour divin. Les paroles dures, le manque de pardon, l'orgueil, la jalousie et la rivalité étouffent lentement la bénédiction de

Dieu au sein du foyer. Au contraire, l'amour absorbe les offenses et maintient les relations en vie. C'est pourquoi Romains 8 h 28 affirme que toutes choses concourent au bien, non pas pour tout le monde, mais pour ceux qui aiment Dieu.

L'histoire de Joseph, racontée dans le livre de Genèse 45 : 4-8, illustre parfaitement cette vérité. Trahi par ses frères et séparé de sa famille, Joseph a choisi l'amour plutôt que l'amertume. Des années plus tard, cet amour a restauré la famille qui l'avait blessé. L'amour a réparé ce que l'envie et la haine avaient détruit.

Ta famille deviendra solide si elle est bâtie sur un amour authentique. L'amour crée un climat dans lequel les enfants se sentent en sécurité, les époux sont honorés et Dieu règne au milieu du foyer. L'amour ne nie pas les défauts, mais il refuse de les exagérer.

Action pratique : *Choisis aujourd'hui une manière concrète de manifester l'amour dans ta famille.*

Prions :

1. *Père, merci d'aimer ma famille d'un amour inconditionnel, au nom de Jésus.*
2. *Seigneur, guéris toute blessure et toute division dans notre foyer par ton amour, au nom de Jésus.*
3. *Remplis nos cœurs de l'amour agapè par le Saint-Esprit, au nom de Jésus.*
4. *Seigneur, ôte toute amertume, tout orgueil et toute querelle de notre famille au nom de Jésus.*
5. *Père, apprends-nous à nous aimer les uns les autres comme Christ nous aime, au nom de Jésus.*

Mercredi 8 avril

7 CHOSES QUE TU NE DEVRAIS PAS DIRE À TON CONJOINT

Lis : Éphésiens 4:29-32

La Bible en 1 an : Ésaïe 37-39
La Bible en 2 ans : Marc 6

« Que votre parole soit toujours accompagnée de grâce, assaisonnée de sel, afin que vous sachiez comment répondre à chacun » (Colossiens 4:6).

Les paroles sont des semences dans le mariage. Ce que les époux se disent de façon répétée nourrit l'amour ou empoisonne l'intimité. La Parole nous avertit de nous abstenir de toute parole corrompue et de ne prononcer que des paroles qui édifient (Éphésiens 4:29). Beaucoup de mariages ne se brisent pas à cause de grandes crises, mais à cause de petites phrases répétées, prononcées dans la colère, le sarcasme ou le mépris.

Voici sept paroles destructrices à ne pas prononcer envers son conjoint :

1. « Tu es exactement comme ton père/ta mère » (dit de manière négative).
   Cette phrase transmet du ressentiment et humilie ton conjoint en lui faisant porter les fautes d'un autre.
2. « Tu ne fais jamais rien de bien. »
   Les affirmations absolues condamnent la personne au lieu de corriger un comportement.
3. « Je regrette de t'avoir épousé(e). »
   Ces mots attaquent directement le lien qui vous unit et créent une profonde insécurité.

4. « Tu es inutile/irresponsable. »
   Les étiquettes blessent la dignité et détruisent le respect mutuel.
5. « Je m'en fiche. »
   Cette phrase exprime un retrait émotionnel et une indifférence destructrice.
6. « Sans moi, tu ne serais rien. »
   L'orgueil et le contrôle remplacent alors le partenariat et l'honneur.
7. « Dieu va te juger » (utilisé comme une arme).

Spiritualiser la critique de cette manière déforme le caractère de Dieu et endurcit les cœurs. Le mariage s'épanouit grâce à une communication empreinte de grâce. Dieu ne nous parle jamais avec mépris ; il nous corrige avec patience et vérité. Lorsque les époux se parlent durement, la confiance s'effrite et des murs se dressent. Pourtant, la même bouche qui blesse peut aussi guérir. Des excuses sincères, une repentance et des paroles intentionnelles d'encouragement invitent le Saint-Esprit à restaurer ce qui a été endommagé.

La guérison commence lorsque tu choisis l'humilité plutôt que l'orgueil, et l'amour plutôt que le besoin de gagner un argument. Lorsque tu soumets ta langue à Dieu, ton foyer est renouvelé et ton mariage se fortifie.

Action pratique : *Demande pardon sincèrement pour toute parole blessante que tu as prononcée, et choisis d'affirmer volontairement une qualité de ton conjoint chaque jour de cette semaine.*

Prions :

1. *Père, merci pour le don du mariage et pour ta grâce qui restaure, au nom de Jésus.*

2. *Seigneur, pardonne-moi pour chaque parole blessante que j'ai prononcée envers mon conjoint, au nom de Jésus.*
3. *Père, guéris toute blessure causée par des paroles négatives et restaure la confiance et la tendresse, au nom de Jésus.*
4. *Père, accorde-nous la maîtrise de soi et la sagesse pour prononcer des paroles qui édifient et unissent, au nom de Jésus.*
5. *Ô Seigneur, que notre mariage soit rempli de grâce, d'honneur et de paix, au nom de Jésus.*

Jeudi 9 avril

NE DIS PAS CES CHOSES À TON ENFANT

Lis : Proverbes 18:21

La Bible en 1 an : Rom. 1-4
La Bible en 2 ans : Marc 7-8

« Qu'aucune parole mauvaise ne sorte de votre bouche, mais seulement celle qui est bonne pour l'édification, selon le besoin, afin qu'elle communique une grâce à ceux qui l'entendent » (Éphésiens 4:29).

Les paroles sont des semences. Chaque phrase prononcée à un enfant est plantée dans le sol de son cœur et façonne silencieusement la manière dont il se perçoit, perçoit Dieu et envisage l'avenir. La Bible est claire : la langue a un pouvoir, celui de la vie et de la mort (Proverbes 18:21). Ce que tu dis régulièrement à un enfant peut soit nourrir sa confiance et son sens du destin, soit produire la peur, l'insécurité et des blessures durables.

Des paroles telles que « tu ne vaux rien », « tu n'y arriveras jamais » ou « tu échoues toujours » ne se contentent pas d'exprimer une frustration ; elles attribuent une fausse identité à l'enfant. Les comparaisons, le rejet et les étiquettes négatives enferment l'enfant dans une image de lui-même négative, qui peut le poursuivre jusqu'à l'âge adulte. Même les menaces spirituelles, telles que « Dieu va te punir », déforment l'image d'un père aimant et remplacent la révérence par la peur.

Dieu ne corrige jamais ses enfants par la condamnation. Il discipline avec amour, vérité et espérance. Lorsque des parents disent « je regrette de t'avoir mis au monde » ou « tu me fatigues », l'enfant n'entend pas une correction, mais un abandon. Lorsqu'on lui dit « tais-toi », il apprend que sa voix et ses émotions n'ont aucune valeur.

Ces blessures sont souvent invisibles, mais bien réelles. Toutefois, il y a une bonne nouvelle : les paroles peuvent aussi guérir. De la même manière que des mots négatifs blessent, des paroles intentionnelles, aimantes et empreintes de foi peuvent restaurer ce qui a été brisé. Lorsque les parents se repentent, demandent pardon et changent leur langage, le Saint-Esprit commence une œuvre de guérison profonde dans le cœur de l'enfant. Les foyers peuvent ainsi passer de lieux de peur à des espaces de sécurité et d'affirmation.

La correction est nécessaire, mais une correction sans condamnation permet d'élever des enfants solides, sécurisés et responsables. Dis la vérité avec amour, discipline avec dignité et enseigne avec espérance, et Dieu rachètera même les erreurs du passé.

Action pratique : *Demande à Dieu de te montrer les paroles blessantes que tu as pu prononcer, demande pardon à ton enfant et choisis de le bénir chaque jour.*

Prions :

1. *Père, merci pour ta miséricorde et ta grâce qui guérissent les familles, au nom de Jésus.*
2. *Seigneur, déracine toute parole négative prononcée à l'encontre de mon enfant et annule ses effets, au nom de Jésus.*
3. *Remplace chaque mensonge semé par des paroles dures par ta vérité et des paroles d'affirmation, au nom de Jésus.*
4. *Père, accorde-moi la maîtrise de soi et la sagesse pour proclamer la vie en toute circonstance, au nom de Jésus.*

5. *Seigneur, guéris le cœur de mon enfant et restaure sa confiance, sa joie et sa destinée, au nom de Jésus.*

Vendredi 10 avril

COMMENT GAGNER L'AMOUR DE TES PARENTS

Lis : Luc 2:51-52

La Bible en 1 an : Rom. 5-8
La Bible en 2 ans : Marc 9

« Enfants, obéissez à vos parents dans le Seigneur, car cela est juste. "Honore ton père et ta mère" — c'est le premier commandement avec une promesse » (Éphésiens 6:1-2).

L'amour des parents est précieux, mais la relation entre parents et enfants peut parfois se fragiliser en raison de malentendus, de rébellion ou d'attentes non comblées. La Parole de Dieu nous offre une sagesse intemporelle pour aider les enfants, qu'ils soient jeunes ou adultes, à construire et à préserver une relation saine et aimante avec leurs parents.

1. ***Honore-les et respecte-les*** : l'honneur va au-delà de l'obéissance ; il concerne également l'attitude, le ton et le comportement. Même si tes parents sont imparfaits, des paroles et des gestes respectueux ouvrent leur cœur (Proverbes 23:22).
2. ***Pratique l'obéissance et la responsabilité*** : Jésus lui-même était soumis à ses parents terrestres, et il grandissait en sagesse et en faveur devant Dieu et devant les hommes (Luc 2:51-52). La responsabilité inspire la confiance et renforce l'affection parentale.
3. ***Communique avec humilité*** : écouter avant de parler et t'exprimer sans arrogance réduit les conflits. Une

réponse douce détourne la colère et favorise la compréhension (Proverbes 15:1).

4. ***Exprime de la reconnaissance et de la gratitude*** : de simples marques de gratitude — des paroles, un service rendu ou du temps accordé — encouragent les parents et adoucissent les relations tendues. La reconnaissance transforme le devoir en joie.
5. ***Vis dans l'intégrité*** : les parents se réjouissent lorsque leurs enfants marchent dans la vérité. Une vie droite les honore et apporte la paix au foyer (3 Jean 1:4).

Gagner l'amour de tes parents ne passe pas par la manipulation, mais par l'alignement sur les principes de Dieu.

Lorsque les enfants marchent dans l'honneur, l'humilité et l'obéissance, l'amour grandit naturellement. Même lorsque les relations sont brisées, Dieu peut restaurer les cœurs lorsque nous choisissons de suivre fidèlement ses voies.

Action pratique : *Identifie une manière concrète d'honorer tes parents cette semaine — par l'obéissance, le service ou une reconnaissance sincère — et agis intentionnellement.*

Prions :

1. *Père, je te remercie pour le don de mes parents et pour la place qu'ils occupent dans ma vie, au nom de Jésus.*
2. *Seigneur, donne-moi un cœur humble et obéissant pour honorer mes parents, au nom de Jésus.*
3. *Guéris tout malentendu et toute blessure entre mes parents et moi, au nom de Jésus.*
4. *Enseigne-moi à communiquer avec sagesse, respect et amour, au nom de Jésus.*
5. *Que la paix, l'unité et l'affection règnent dans nos relations familiales, au nom de Jésus.*

Samedi 11 avril

COMMENT RAVIVER L'AMOUR DANS TON MARIAGE

Lis : Apocalypse 2:4-5

La Bible en 1 an : Rom. 9-11
La Bible en 2 ans : Marc 10

« Maris, aimez vos femmes, comme Christ a aimé l'Église et s'est livré lui-même pour elle » (Éphésiens 5:25).

L'amour dans le mariage ne se maintient pas uniquement par les sentiments ; il se nourrit de choix intentionnels. Avec le temps, les pressions liées au travail, aux finances, aux enfants, au ministère ou aux conflits non résolus peuvent peu à peu étouffer la flamme de l'amour dans un couple.

Les paroles de Jésus adressées à l'Église dans l'Apocalypse — « Tu as abandonné ton premier amour » — résonnent également dans le contexte du mariage. Si l'amour peut s'éteindre, il peut aussi être restauré. Voici quelques étapes à suivre :

1. ***Reviens aux pratiques de ton premier amour*** : souviens-toi de ce que tu faisais au début : des paroles bienveillantes, du temps de qualité, de petites attentions. L'amour grandit là où l'on prend soin des détails (Cantique des cantiques 2:15).
2. ***Pardonne rapidement*** : les offenses non réglées endurcissent le cœur et bloquent l'intimité. Pardonner ne signifie pas nier la douleur, mais choisir de libérer la dette (Colossiens 3:13). Choisis de pardonner.

3. ***Communique avec grâce*** : parle avec sincérité, mais avec douceur. Écouter sans interrompre et répondre sans colère permet de reconstruire la connexion émotionnelle (Jacques 1:19).
4. ***Priorise l'intimité et la communion*** : la proximité émotionnelle et l'intimité physique sont des dons de Dieu destinés à renforcer le lien conjugal (1 Corinthiens 7:3-5).
5. ***Remets Dieu au centre*** : la prière, les moments de partage spirituel et l'unité dans la foi réalignent les cœurs. Une corde à trois fils ne se rompt pas facilement (Ecclésiaste 4:12).

Raviver l'amour dans ton mariage ne consiste pas à recréer le passé, mais à renouveler ton engagement dans le présent. Si tu t'humilies, reviens au plan de Dieu et choisis d'aimer même lorsque tes sentiments sont faibles ; le feu de l'amour recommencera à brûler, plus fort et plus pur.

Action pratique : *Cette semaine, pose chaque jour un acte intentionnel d'amour — une parole, du temps donné ou un service — comme au début de ton mariage.*

Prions :

1. *Père, je te remercie pour le don de mon conjoint et pour l'alliance de notre mariage, au nom de Jésus.*
2. *Seigneur, guéris toute blessure et ôte chaque obstacle qui a refroidi notre amour, au nom de Jésus.*
3. *Restaure l'affection, la joie et l'intimité émotionnelle dans notre mariage, au nom de Jésus.*
4. *Seigneur, aide-nous à pardonner rapidement et à aimer avec sacrifice, comme Christ aime, au nom de Jésus.*
5. *Père, que ta présence renouvelle nos cœurs et fortifie notre union, au nom de Jésus.*

Dimanche 12 avril

LES ÉTAPES D'UNE RÉCONCILIATION FAMILIALE AUTHENTIQUE

Lis : Colossiens 3:12-15

La Bible en 1 an : Rom. 12-16

La Bible en 2 ans : Marc 11 ; 12:1-27

« S'il est possible, autant que cela dépend de vous, soyez en paix avec tous les hommes » (Romains 12:18).

La réconciliation familiale ne signifie pas l'absence de conflit, mais la restauration de l'amour, de la confiance et de la paix après celui-ci. Beaucoup de familles restent divisées non pas parce que la réconciliation est impossible, mais parce que l'orgueil, le silence ou des blessures non guéries sont laissés intacts. Le cœur de Dieu est toujours tourné vers la réconciliation, car il nous a lui-même réconciliés avec lui par le Christ (2 Corinthiens 5:18).

Voici quelques étapes pour cheminer vers la réconciliation :

1. ***Reconnaître la douleur avec honnêteté*** : la vraie réconciliation commence lorsque la blessure est nommée, et non niée. La guérison ne peut pas avoir lieu là où la douleur est ignorée. Dire la vérité dans l'amour ouvre la porte à la restauration (Éphésiens 4:15).
2. ***Assume ta part de responsabilité*** : la réconciliation ne signifie pas qu'une seule personne a tout fait de travers. Un conflit implique presque toujours deux personnes imparfaites. L'humilité se manifeste lorsque tu reconnais tes paroles, tes attitudes ou tes actions sans chercher d'excuses (Matthieu 7:3-5).

3. ***Choisis de pardonner de tout ton cœur, sans attendre*** : le pardon n'est pas une émotion, c'est une décision de remettre l'offense entre les mains de Dieu. Sans pardon, la réconciliation reste superficielle et fragile (Colossiens 3:13).
4. ***Rétablis la communication avec grâce*** : reconstruire la confiance demande du temps et un dialogue respectueux. Écouter avec attention et répondre avec douceur permet de rebâtir les ponts brisés (Proverbes 15:1).
5. ***Engage-toi en faveur de la paix et de nouvelles habitudes*** : les familles doivent convenir de nouvelles limites, d'une communication plus saine et d'une prière constante (Psaume 34:14).

Une réconciliation authentique est un processus, pas un événement. Elle peut demander du temps, des larmes et des actes répétés d'humilité. Mais lorsque les familles poursuivent la paix selon le cœur de Dieu, il guérit les blessures, restaure les relations et transforme les foyers brisés en témoignage de sa grâce.

Action pratique *: Cette semaine, approche-toi d'un membre de ta famille dans un esprit de prière, avec des paroles sincères : une excuse, une oreille attentive ou une proposition de réconciliation.*

Prions :

1. *Père, nous te remercions de nous avoir réconciliés avec toi par Christ, au nom de Jésus.*
2. *Seigneur, adoucis nos cœurs et ôte l'orgueil, l'amertume et le ressentiment de notre famille, au nom de Jésus.*
3. *Père, accorde-nous la grâce de pardonner comme nous avons été pardonnés, au nom de Jésus.*

4. *Seigneur, restaure la confiance, une communication saine et l'amour entre nous, au nom de Jésus.*
5. *Père, établis une paix durable et une véritable unité au sein de notre famille, au nom de Jésus.*

Lundi 13 avril **UNIS TA FAMILLE POUR LA PERCÉE**

Lis : Psaume 133:1-3

La Bible en 1 an : 2Chron. 1-3
La Bible en 2 ans : Marc 12:28-44 ; 13

« Voici, ô qu'il est agréable, qu'il est doux pour des frères de demeurer ensemble ! » (Psaume 133:1)

Les percées au sein des familles sont rarement le fruit du hasard ; elles sont le résultat de l'unité. Dieu déploie une puissance particulière lorsque les cœurs sont en accord. Le Psaume 133 nous révèle que l'unité est non seulement agréable, mais qu'elle attire et ordonne également la bénédiction. Lorsque les membres d'une famille marchent dans l'harmonie, Dieu déverse une faveur, une protection et une croissance qu'aucun effort individuel ne peut produire seul.

La division s'installe souvent dans les familles à cause d'offenses non réglées, de paroles dures, d'orgueil ou de silence. De petits malentendus deviennent des murs et la prière perd de sa puissance lorsque les cœurs sont divisés. Jésus a enseigné que « une maison divisée contre elle-même ne peut subsister » (Marc 3:25). L'ennemi le sait, c'est pourquoi il attaque d'abord les relations avant les ressources.

L'unité ne signifie ni uniformité ni absence de désaccord, mais le choix de l'amour plutôt que de l'ego, du pardon plutôt que de l'amertume, et de la compréhension plutôt que de l'accusation. Lorsque les familles décident de se réconcilier, de communiquer avec bienveillance et de prier ensemble, l'harmonie spirituelle est restaurée. L'huile du

Psaume 133 coule de la tête jusqu'aux pieds. L'unité permet à l'onction de Dieu d'atteindre chaque membre de la famille.

Les percées financières, émotionnelles et spirituelles suivent souvent des actes simples d'unité : manger ensemble, prier ensemble, écouter sans interrompre et prononcer des paroles qui édifient. Lorsque vous vous soumettez à Dieu et les uns aux autres dans l'amour, il transforme votre foyer en un autel de bénédiction abondante.

Le désir de Dieu n'est pas seulement de te bénir individuellement, mais aussi de bénir toute ta famille. À mesure que vous cultivez l'unité dans votre foyer, la peur perdra son emprise, vos prières deviendront puissantes et vos destinées connaîtront une progression inhabituelle.

Action pratique *: Organisez dès que possible un moment en famille pour prier ensemble, demandez-vous pardon ouvertement et fixez-vous un objectif spirituel à atteindre ensemble.*

Prions :

1. *Père, merci pour le don de ma famille et pour ton plan de nous bénir ensemble, au nom de Jésus.*
2. *Seigneur, guéris toute division, tout malentendu et toute offense au sein de notre famille, au nom de Jésus.*
3. *Père, lie nos cœurs dans l'amour, l'humilité et le respect mutuel, au nom de Jésus.*
4. *Seigneur, que chaque prière que nous élevons en famille soit puissante et porte le fruit de la percée, au nom de Jésus.*
5. *Père, ordonne ta bénédiction — paix, provision et progrès — sur notre foyer, au nom de Jésus.*

Prières prophétiques de la semaine

1. **« Il exerce mes mains au combat » (Psaume 144:1).** *Je triomphe de toute bataille qui se lève contre moi, au nom de Jésus.*
2. **« L'Éternel affermit les pas de l'homme » (Psaume 37:23).** *Cette semaine, mes pas sont divinement ordonnés, au nom de Jésus.*
3. **« Il te couronne de bonté et de compassion » (Psaume 103:4).** *Je suis couronnée de miséricorde et de compassion, au nom de Jésus.*

Mardi 14 avril

LE TEMPS DE PASSER AU NIVEAU SUPÉRIEUR

Lis : Deutéronome 1:2-8

La Bible en 1 an : 2Chron. 4-6
La Bible en 2 ans : Marc 14

« Vous avez assez demeuré sur cette montagne. » (Deutéronome 1:6)

Beaucoup de croyants aiment sincèrement Dieu, mais ils ne vivent pas au niveau que Dieu souhaite pour eux, que ce soit sur le plan spirituel, professionnel, financier ou dans l'accomplissement de leur appel.

Dans Deutéronome 1, le peuple d'Israël avait déjà expérimenté la délivrance, les miracles et la direction divine. Ils atteignirent rapidement le mont Horeb, mais ce qui devait être un lieu de rencontre temporaire devint une saison prolongée de retard. Alors, Dieu leur parla clairement et avec amour : *« Vous avez assez demeuré sur cette montagne. Levez le camp et avancez ! » (Deutéronome 1:7).* Dieu ne les condamnait pas ; il les appelait à aller de l'avant. Il est le Dieu du progrès, non de la stagnation.

Les montagnes sont des lieux de révélation, pas des destinations. L'une des principales causes de la stagnation est le confort sans progression. Israël s'est installé là où il devait se préparer à avancer. Les Écritures nous invitent à tendre vers ce qui est parfait (Hébreux 6:1*).* Es-tu en train de grandir ? Le confort peut sembler spirituel, mais il peut bloquer discrètement la destinée. La peur et l'incrédulité retiennent également beaucoup de personnes. Israël a vu les géants et a oublié la puissance de Dieu. La peur se déguise souvent en sagesse, mais elle provoque le retard. Parfois, la stagnation est renforcée par des résistances invisibles, mais les retards n'annulent pas la promesse de Dieu.

Lorsque ta situation actuelle ne te pousse plus à grandir, lorsque Dieu fait naître en toi une sainte insatisfaction et qu'il ouvre tes yeux pour t'en montrer davantage, c'est souvent le signe que ta saison a changé. Dieu dit à Israël : *« Voyez, j'ai mis le pays devant vous » (Deutéronome 1:8).* La promesse existait déjà avant qu'ils ne se déplacent ; il leur a fallu être obéissants pour en bénéficier.

Une illustration simple l'explique bien : un arrêt de bus est utile, mais personne n'y construit une maison. Rester trop longtemps dans un endroit agréable peut quand même devenir une forme de désobéissance. En Christ, la stagnation n'est pas ton appel. Ce n'est pas le moment de camper. Il est temps de passer au niveau supérieur.

Action pratique *: Identifie dans la prière un domaine dans lequel Dieu t'appelle à progresser, et pose un acte d'obéissance concret cette semaine.*

Prions :

1. *Père, je te remercie pour ta patience, ta direction et la promesse de croissance dans ma vie.*
2. *Seigneur, déracine toute forme de stagnation dans mon esprit, ma carrière et ma destinée, et fais-moi avancer.*
3. *Père, brise toute peur, toute incrédulité et toute zone de confort qui m'ont empêché d'être obéissant.*
4. *Seigneur, ôte toute résistance visible ou invisible qui s'oppose à mon progrès.*
5. *Père, fortifie-moi par le Christ afin que je marche par la foi et que j'accède pleinement à mon prochain niveau cette année.*

Mercredi 15 avril

UNE NOUVELLE ONCTION POUR L'ÉLARGISSEMENT

Lis : Ésaïe 11 : 1-3

La Bible en 1 an : 2Chron. 7-9
La Bible en 2 ans : Marc 15

« L'Esprit de l'Éternel reposera sur lui : Esprit de sagesse et d'intelligence, Esprit de conseil et de force » (Ésaïe 11:2)

Dans le Royaume de Dieu, l'élargissement n'est jamais le fruit de la seule force humaine ; c'est l'œuvre du Saint-Esprit. Jésus-Christ est l'exemple parfait d'une vie élargie par l'onction divine. Bien qu'il soit le Fils de Dieu, il a choisi de ne pas agir par sa propre puissance. Il a vécu dans une dépendance totale au Saint-Esprit, laissant l'onction divine façonner sa sagesse, son autorité, sa compassion et son impact. Ésaïe 11 révèle que l'Esprit reposait sur lui dans toute sa plénitude, lui permettant d'accomplir sa destinée sans effort charnel ni compromis.

L'onction est la capacité surnaturelle que le Saint-Esprit accorde à une personne pour accomplir la mission de Dieu. Ce n'est ni une émotion, ni un titre, ni un charisme naturel, mais une habilitation divine. À l'image de l'huile qui réduit la friction et facilite le mouvement, l'onction ôte les obstacles et rend le progrès possible. C'est pourquoi Jésus se déplaçait avec autorité, parlait avec sagesse et produisait des résultats durables. Le véritable élargissement découle de la puissance spirituelle et non de simples stratégies humaines.

Ésaïe décrit l'Esprit aux sept dimensions qui reposait sur le Christ : l'Esprit de l'Éternel, la sagesse, l'intelligence, le conseil, la force, la connaissance et la crainte de l'Éternel. Chaque dimension apportait équilibre et expansion. La sagesse lui donnait un jugement juste, l'intelligence lui offrait un discernement au-delà de l'information, le conseil le maintenait en phase avec le moment opportun, la force lui permettait de surmonter les obstacles, la connaissance approfondissait son intimité avec le Père et la crainte de l'Éternel le préservait dans la sainteté et l'humilité. Cette plénitude garantissait un élargissement durable, et non saisonnier.

Ce même Esprit est à la disposition des croyants aujourd'hui. Cependant, pour atteindre de nouveaux niveaux d'impact, il faut prendre de nouvelles mesures de consécration. Demeurer attaché à Christ, entretenir une faim constante pour le Saint-Esprit, et marcher dans l'obéissance et l'humilité nous positionnent pour recevoir une onction fraîche. Un vase pur et abandonné est toujours prêt pour un usage plus grand.

Alors que tu recherches l'élargissement, souviens-toi de cette vérité : lorsque Dieu libère une nouvelle onction, il élargit ta capacité à accomplir ta destinée et à glorifier son nom.

Action pratique : *Cette semaine, approfondis ta relation avec le Christ en prenant un temps de prière pour rechercher une nouvelle effusion du Saint-Esprit.*

Prions :

1. *Père, je te remercie pour le don du Saint-Esprit et pour ta puissance à l'œuvre dans ma vie.*
2. *Seigneur, accorde-moi une onction fraîche qui élargisse ma capacité à accomplir ma mission divine.*

3. *Esprit Saint, remplis-moi de sagesse, d'intelligence et de conseil, afin que je marche avec justesse en toute saison.*
4. *Père, revêts-moi de force spirituelle pour vaincre toute résistance et briser toute limitation.*
5. *Seigneur, préserve-moi dans l'humilité et la sainteté, afin que mon élargissement demeure et glorifie ton nom.*

Jeudi 16 avril

MARCHER DANS LA BÉNÉDICTION

Lis : Éphésiens 1:3

La Bible en 1 an : 2Chron. 10-13
La Bible en 2 ans : Marc 16 ; Nom. 1:1-27

« C'est la bénédiction de l'Eternel qui enrichit, Et il ne la fait suivre d'aucun chagrin. » (Proverbes 10:22)

Beaucoup de croyants passent leur vie à prier pour recevoir la bénédiction sans réaliser que celle-ci n'est pas quelque chose que l'on poursuit, mais une position dans laquelle on marche. Les Écritures révèlent que la bénédiction est la capacité divine qui repose sur une personne et lui permet de prospérer, de croître et d'avoir un impact selon le dessein de Dieu.

Lorsque Dieu a béni Adam dans Genèse 1:28, ce dernier n'avait pas encore travaillé. La bénédiction est venue en premier, puis le travail. En Christ, ce modèle est restauré. Éphésiens 1:3 déclare que nous sommes déjà bénis de toutes les bénédictions spirituelles dans les lieux célestes. La question n'est donc pas de savoir si Dieu nous a bénis, mais si nous marchons en accord avec cette bénédiction.

La bénédiction est bien plus qu'une provision matérielle ; c'est une capacité surnaturelle. C'est ce qui explique pourquoi Joseph prospérait même en prison et pourquoi Abraham devenait une bénédiction partout où il allait. La bénédiction agit à travers les saisons. La pluie tombe partout, mais seule une terre préparée porte du fruit. De la même manière, la bénédiction coule librement, mais sa manifestation dépend de notre attitude.

Il existe des signes évidents d'une vie bénie. La faveur divine ouvre des portes sans manipulation. L'augmentation surnaturelle produit une croissance qui ne peut s'expliquer par les efforts humains seuls. La préservation garantit que la main de Dieu nous couvre en tout lieu et en toute saison. La fécondité donne des résultats visibles qui parlent plus fort que les paroles. Ce ne sont pas des récompenses pour la perfection, mais les fruits de l'alignement.

Pour jouir de la bénédiction cette année, il faut donc faire preuve d'une obéissance intentionnelle, protéger ses relations, avoir la foi, pratiquer la libéralité et poursuivre la sainteté. Le péché obstrue le flux de la bénédiction, tout comme la saleté bloque l'eau dans un tuyau. La sagesse et la pureté maintiennent le canal ouvert.

Alors que tu avances dans cette nouvelle année, ne t'épuise pas à courir après la bénédiction. Opte pour l'alignement. Lorsque tu es correctement positionné en Christ, la bénédiction devient ton atmosphère et tu marches simplement dedans.

Action pratique : *Y a-t-il un domaine de ta vie dans lequel tu désires une percée ? Prends un moment aujourd'hui pour prier sincèrement à ce sujet.*

Prions :

1. *Père, je te remercie de m'avoir béni en Christ et d'avoir placé ma vie sous ta puissance divine pour qu'elle soit fécondée et qu'elle croisse.*
2. *Seigneur, aide-moi à marcher en accord avec ta volonté en 2026, en choisissant l'obéissance plutôt que la lutte et la foi plutôt que la peur.*

3. *Saint-Esprit, fortifie-moi afin que je vive avec sagesse et pureté, en gardant mon cœur, mes relations et mes choix alignés avec ton dessein.*
4. *Père, enseigne-moi à vivre une vie de reconnaissance en toute saison, en ouvrant mon cœur pour recevoir tout ce que tu as préparé pour moi.*
5. *Seigneur, je déclare qu'en 2026 je marche dans la faveur, l'augmentation, la protection et une fécondité durable, par la puissance de ta bénédiction, au nom de Jésus.*

Vendredi 17 avril

PRÊCHE LA PAROLE EN TOUTES SAISONS

Lis : Luc 9:1-9

La Bible en 1 an : Lev. 1-4
La Bible en 2 ans : Nom. 1:28-54 ; 2

« Prêche la parole, insiste en toute occasion, favorable ou non, reprends, censure, exhorte, avec toute douceur et en instruisant » (2 Timothée 4:2).

Le mot « évangile » vient du grec « *euaggelion* », qui signifie « bonne nouvelle » ou « message de joie ». Il s'agit de l'annonce faite au pécheur que Jésus a payé le prix de sa liberté, le délivrant ainsi du péché et de ses conséquences. Mais une bonne nouvelle qui n'est pas partagée est, en réalité, une nouvelle inexistante. Lorsque nous gardons pour nous le trésor du salut, ceux qui nous entourent peuvent périr dans l'ignorance, simplement parce que personne ne leur a parlé de l'amour de Dieu.

Jésus a fait de la prédication une priorité. Il ne restait pas au même endroit ; il allait de village en village et envoyait ses disciples faire de même. Aujourd'hui, beaucoup élaborent des stratégies pour attendre que les gens viennent à l'église, mais la stratégie du Maître était claire : « Allez ! » Prêcher est le remède aux ténèbres de la criminalité, de la violence et de l'occultisme qui règnent dans nos communautés. Lorsque la lumière de la Parole pénètre dans un cœur, les ténèbres sont obligées de fuir.

Aie un cœur qui bat pour les âmes perdues. Nous ne pouvons pas prétendre aimer Dieu, que nous ne voyons pas, si nous n'aimons pas suffisamment notre prochain pour lui montrer le chemin de la vie éternelle. Ton témoignage, aussi simple soit-il, est une arme puissante contre les mensonges de l'ennemi. Aujourd'hui, décide d'être une voix pour Christ dans ton environnement.

Action pratique : *Écris les noms de trois amis ou membres de ta famille qui ne sont pas encore sauvés, puis commence dès aujourd'hui à prier pour leur salut.*

Prions :

1. *Père, je te remercie pour le privilège de connaître la vérité de ta Parole.*
2. *Seigneur, embrase mon cœur d'une passion nouvelle pour les âmes perdues.*
3. *Saint-Esprit, donne-moi les paroles justes lorsque je partage l'évangile.*
4. *Ô Seigneur, brise toute barrière de peur qui m'empêche de prêcher.*
5. *Père, que l'évangile que je proclame soit accompagné de signes et de prodiges.*

Samedi 18 avril

TRAVAILLER AVEC EXCELLENCE SOUS UN SUPÉRIEUR DIFFICILE

Lis : Colossiens 3:22-24

La Bible en 1 an : Lev. 5-7
La Bible en 2 ans : Nom. 3

« Tout ce que vous faites, faites-le de bon cœur, comme pour le Seigneur et non pour des hommes » (Colossiens 3:23)

Beaucoup de croyants ne luttent pas tant avec le travail lui-même qu'avec leur supérieur. Un supérieur difficile peut être dur, incohérent, injuste ou peu reconnaissant. Pourtant, les Écritures montrent que Dieu utilise souvent des supérieurs difficiles comme des terrains d'entraînement pour forger la destinée, le caractère et la promotion.

Joseph a ainsi travaillé fidèlement sous Potiphar, bien qu'il fût esclave et qu'il ait ensuite été faussement accusé (Genèse 39). Son intégrité n'a pas immédiatement changé son maître, mais elle lui a permis d'accéder à une promotion divine. Dieu était avec Joseph dans le système, et non en dehors.

David a servi le roi Saül, un dirigeant animé par la jalousie et l'insécurité. Bien que Saül l'ait maltraité, David a refusé de se rebeller ou de le déshonorer. Il a dit : *« Je ne porterai pas la main sur l'oint de l'Éternel » (1 Samuel 24:6).* Cette retenue a préservé son avenir royal. Daniel a servi sous plusieurs rois païens, parfois hostiles et déraisonnables. Grâce à son excellence, à sa sagesse et à sa vie de prière, il a trouvé grâce, même lorsque les lois étaient injustes (Daniel 6). Sa fermeté respectueuse et sa constance ont conduit Dieu à le défendre publiquement.

Ces exemples nous enseignent qu'accomplir un travail de qualité sous un supérieur difficile ne signifie pas approuver l'injustice ni accepter les abus. Cela signifie rester intègre, excellent, respectueux et persévérant dans la prière, tout en faisant confiance à Dieu comme autorité suprême. Lorsque nous travaillons comme pour le Seigneur, il devient notre défenseur, notre promoteur et notre rémunérateur.

Un supérieur difficile peut retarder le confort, mais l'obéissance protège la destinée. Dieu voit la fidélité dans les lieux cachés et l'utilise comme préparation à de plus grandes responsabilités. Il peut même t'utiliser pour être un instrument de changement.

Action pratique : *Décide aujourd'hui de travailler avec excellence et intégrité, quelle que soit l'attitude de ton supérieur, et prie régulièrement pour demander la sagesse et la faveur.*

Prions :

1. *Père, je te remercie car tu es mon véritable employeur et celui qui me récompense.*
2. *Seigneur, accorde-moi la sagesse, la patience et la maîtrise de soi dont j'ai besoin pour travailler sous l'autorité.*
3. *Père, aide-moi à rester intègre et excellent, même dans les situations difficiles.*
4. *Seigneur, transforme chaque environnement injuste ou éprouvant en une plateforme de croissance et de faveur.*
5. *Seigneur, élève-moi en ton temps et défends-moi là où je ne peux pas me défendre moi-même.*

Dimanche 19 avril **GARDE TON CŒUR**

Lis : Marc 7:20-23

La Bible en 1 an : Lev. 8-10
La Bible en 2 ans : Nom. 4

« Garde ton cœur plus que toute autre chose, car de lui viennent les sources de la vie » (Proverbes 4:23).

L'amour au sein de la famille ne s'effondre pas soudainement. Il s'érode progressivement lorsque le cœur n'est pas préservé. La Bible nous ordonne de garder notre cœur plus que toute autre chose, car c'est de là que proviennent nos paroles, nos attitudes, nos réactions et nos relations. Ce qui s'installe dans le cœur finit toujours par se manifester dans le foyer.

Le terme hébreu pour « cœur » dans Proverbes 4 h 23 est « *leb* », qui désigne l'homme intérieur : l'esprit, la volonté, les émotions et les intentions. Garder son cœur, c'est protéger intentionnellement ce qui influence tes pensées, tes émotions et tes réactions. Lorsque l'amertume, l'offense, la jalousie, la suspicion ou une colère non résolue s'installent dans le cœur, l'amour commence à s'affaiblir dans le foyer.

De nombreux conflits familiaux ne sont pas causés par de grands péchés, mais par des cœurs non gardés. Des paroles dures prononcées sous le coup de la colère, des rancunes silencieuses, des suppositions négatives et des blessures non guéries empoisonnent peu à peu l'amour. Paul avertit que l'amour « ne tient pas compte du mal » (1 Corinthiens 13:5). Dès que l'on commence à tenir des comptes, l'intimité se brise et la confiance meurt. Une femme est venue en consultation avec un cahier dans lequel elle avait consigné chaque faute de son mari, preuves à l'appui, photos comprises.

Garder son cœur ne signifie pas refouler ses émotions, mais les soumettre à Dieu. Jésus a enseigné que ce qui sort de l'homme vient du cœur (Marc 7:21-23). Un cœur gardé produit la patience, la bonté, le pardon et la compréhension. Un cœur non gardé produit les querelles, la froideur et la division.

Joseph a gardé son cœur, même après avoir été trahi par ses frères. Au lieu de nourrir l'amertume, il a fait confiance à Dieu. Grâce à la pureté de son cœur, Dieu l'a utilisé pour restaurer la famille qui l'avait blessé (Genèse 45). Un cœur gardé préserve la destinée.

Les foyers s'épanouissent lorsque les cœurs sont protégés par la prière, une communication honnête, le pardon et l'humilité. Lorsque le cœur est gardé, l'amour est préservé. Et lorsque l'amour est préservé, le foyer demeure un lieu de paix.

Les foyers s'épanouissent lorsque les cœurs sont protégés par la prière, une communication honnête, le pardon et l'humilité. Lorsque le cœur est préservé, l'amour l'est aussi. Et lorsque l'amour est préservé, le foyer demeure un lieu de paix.

Action pratique : *Demande à Dieu de te révéler tout ce qui, dans ton cœur, menace l'amour dans ton foyer. Traite-le sans tarder.*

Prions :

1. *Père, je te remercie pour le don de ma famille, au nom de Jésus.*
2. *Seigneur, purifie mon cœur de toute amertume, de toute offense et de tout ressentiment caché, au nom de Jésus.*

3. *Père, aide-moi à garder mes paroles, mes pensées et mes réactions pour moi, au nom de Jésus.*
4. *Père, restaure l'amour là où il a été affaibli par des malentendus, au nom de Jésus.*
5. *Seigneur, apprends-nous à pardonner rapidement et à aimer profondément, au nom de Jésus.*

Lundi 20 avril **L'AMOUR DONNE**

Lis : 2 Corinthiens 9:6-8

La Bible en 1 an : Lev. 11-14
La Bible en 2 ans : Nom. 5-6

« Car Dieu a tant aimé le monde qu'il a donné son Fils unique… » (Jean 3:16).

L'amour se révèle le plus clairement par le don. Si tu aimes, tu donnes. Si tu ne donnes pas, alors tu n'aimes pas vraiment.

La première action que l'Écriture associe à l'amour n'est ni les paroles ni les émotions, mais le sacrifice. Dieu a tant aimé… qu'il a donné. L'amour divin s'exprime toujours par la générosité. Là où l'amour est authentique, le don coule naturellement.

Le monde définit souvent le don par l'abondance : on donne quand on estime avoir assez. Dieu définit le don par l'amour. Il donne même lorsque cela lui coûte. Un amour qui ne donne pas est incomplet. C'est pourquoi les familles qui cultivent la générosité expérimentent une paix et des bénédictions durables.

Le mot grec utilisé pour amour dans Jean 3:16 est *agapè*, qui signifie un amour inconditionnel, désintéressé et sacrificiel. L'agapè n'est pas motivé par la convenance ou la récompense ; il donne parce qu'il se soucie de l'autre, parce qu'il valorise les personnes. Lorsque l'agapè gouverne un foyer, l'avarice, la compétition et l'égoïsme perdent leur emprise. La générosité devient un mode de vie, et non un simple événement. Il est triste de voir à quel point certains couples sont avares l'un envers l'autre.

Les Écritures enseignent que la générosité attire la croissance divine. Proverbes 11 : 24-25 révèle un paradoxe spirituel : *« Tel, qui donne libéralement, devient plus riche. »* Dieu veille à ce que ceux qui rafraîchissent les autres soient eux-mêmes rafraîchis. Les familles qui ouvrent leurs mains ne manquent jamais de la provision de Dieu.

Jésus a démontré cela de manière constante. Il a nourri les affamés, touché les rejetés et s'est donné entièrement sur la croix. L'Église primitive a suivi son exemple, partageant ses ressources afin que personne ne manque de rien (Actes 4:32-35). Leur générosité a libéré l'unité, la joie et une provision surnaturelle.

Un foyer généreux apprend aux enfants à faire preuve de compassion, de gratitude et à avoir confiance en Dieu. Il déplace le regard de « qu'avons-nous ? » vers « qui pouvons-nous aider ? ». De telles familles deviennent alors des canaux de la grâce de Dieu dans leur communauté.

Bien-aimé, l'amour grandit lorsqu'il est partagé. Donner ne te diminue pas, cela te multiplie. Lorsque l'on donne par amour, Dieu répond par l'abondance.

Action pratique : *donne intentionnellement aujourd'hui — du temps, de la bienveillance ou des ressources — pour bénir quelqu'un dans le besoin.*

Prions :

1. *Père, je te remercie pour ton amour et pour tout ce que tu m'as donné gratuitement, au nom de Jésus.*
2. *Seigneur, délivre mon cœur et ma famille de tout égoïsme, au nom de Jésus.*
3. *Père, apprends-nous à donner avec joie et de manière sacrificielle, au nom de Jésus.*

4. *Père, fais de la générosité une culture dans notre foyer, au nom de Jésus.*
5. *Père, aide-nous à utiliser nos ressources pour bénir des vies et te glorifier, au nom de Jésus.*

Prières prophétiques de la semaine

1. **« Je ne mourrai pas, je vivrai. » (Psaume 118:17).** *Je vivrai pour accomplir le dessein de Dieu, au nom de Jésus.*
2. **« Le juste croît comme le palmier. » (Psaume 92:12).** *Je prospérerai là où Dieu m'a planté et je porterai beaucoup de fruits pour sa gloire, au nom de Jésus.*
3. **« L'Éternel accomplira ses desseins pour moi. » (Psaume 138:8).** *Ma destinée est assurée et pleinement accomplie en Dieu, au nom de Jésus.*

Mardi 21 avril **LE PRIX DE LA VÉRITABLE UNITÉ**

Lis : Jean 15 : 12-14

La Bible en 1 an : Lev. 15-16
La Bible en 2 ans : Nom. 7:1-41

« Devenez donc les imitateurs de Dieu, comme des enfants bien-aimés ; et marchez dans l'amour, à l'exemple de Christ, qui nous a aimés et qui s'est livré lui-même pour nous, comme une offrande et un sacrifice de bonne odeur à Dieu » (Éphésiens 5:1-2).

La véritable unité, qu'il s'agisse de la famille, de l'Église ou de la communauté, ne repose pas seulement sur des accords ou des paroles communes. Elle est soutenue par l'amour sacrificiel. L'unité a toujours un prix. Lorsque chacun insiste sur son confort, son orgueil ou ses droits personnels, l'unité se fragilise rapidement. En revanche, là où l'amour accepte de renoncer à quelque chose, l'unité fleurit.

Jésus a défini la plus haute forme d'amour par le sacrifice. Il n'a pas seulement enseigné l'unité, il l'a payée de sa vie. Sur la croix, il s'est donné pour nous réconcilier avec Dieu et les uns avec les autres (Éphésiens 2:14-16). L'unité se préserve lorsque les croyants choisissent de placer les autres avant eux-mêmes, à l'image de Christ.

Le mot grec utilisé par Jésus pour désigner l'amour est agapè, un amour inconditionnel qui se donne sans réserve. L'agapè ne se demande pas : « Qu'est-ce que j'y gagne ? », mais plutôt : « Qu'est-ce que je dois donner ? ». Il sacrifie le confort, le temps, l'orgueil et parfois même ses propres préférences pour protéger les relations.

Philippiens 2 : 3-5 nous invite à adopter cet état d'esprit : estimer les autres supérieurs à nous-mêmes.

Beaucoup de familles et d'églises souffrent de divisions à cause de l'absence de sacrifice. Le manque de pardon, la compétition et l'intérêt personnel brisent les relations. Pourtant, l'unité est restaurée lorsque l'on choisit l'humilité plutôt que l'orgueil, le pardon plutôt que l'offense et la paix plutôt que le besoin d'avoir raison. L'amour sacrificiel fait toujours le premier pas.

Pense à Jésus lavant les pieds de ses disciples (Jean 13 : 3-5). Bien qu'il fût leur Seigneur, il s'est abaissé pour les servir. Cet acte de sacrifice a jeté les bases de l'unité parmi ses disciples. L'unité naît là où le service remplace le statut.

Bien-aimé(e), l'unité ne se maintient pas grâce à des personnalités fortes, mais grâce à un amour fort. Lorsque l'amour sacrificiel devient un mode de vie, les querelles perdent leur emprise et Dieu envoie sa bénédiction (Psaume 133:1-3).

Action pratique : *Choisis aujourd'hui une manière concrète de sacrifier ton confort afin de préserver l'unité.*

Prions :

1. *Père, je te remercie pour l'amour sacrificiel que tu m'as manifesté en Christ, au nom de Jésus.*
2. *Seigneur, délivre mon cœur de l'orgueil et de l'intérêt personnel, au nom de Jésus.*
3. *Père, apprends-moi à aimer comme Jésus — avec désintéressement et humilité, au nom de Jésus.*
4. *Seigneur, guéris toute division au sein de ma famille et de mes relations, au nom de Jésus.*

5. *Père, lève-toi et restaure l'unité dans ma famille et dans l'Église, là où elle a été brisée, au nom de Jésus.*

Mercredi 22 avril **LE SCEAU DE L'APPARTENANCE**

Lis : 2 Timothée 2:19 ;
Éphésiens 1:13-14

La Bible en 1 an : Lev. 17-19
La Bible en 2 ans : Nom. 7:42-89

« Néanmoins, le solide fondement de Dieu demeure, ayant ce sceau : Le Seigneur connaît ceux qui lui appartiennent*, et : *Quiconque invoque le nom de Christ s'éloigne de l'iniquité » (2 Timothée 2:19).

Dans l'Antiquité, lorsqu'un roi envoyait un document officiel, il versait de la cire chaude sur le pli, puis y apposait l'empreinte de son anneau. Ce sceau remplissait deux fonctions : il prouvait l'appartenance et garantissait la protection. Quiconque osait briser ce sceau devait répondre de son acte devant toute l'autorité royale. La sainteté est le sceau visible de Dieu sur ta vie. Elle atteste que tu ne t'appartiens plus, ni à toi-même ni au royaume des ténèbres. Dieu attend de toi que tu portes la marque du Roi de manière si claire que l'ennemi reconnaisse qu'il n'a aucun droit légal sur ce qui lui appartient.

Le sceau a deux faces. La première déclare : « Le Seigneur connaît ceux qui lui appartiennent » ; c'est l'engagement de Dieu envers toi. La seconde affirme : « Qu'il s'éloigne de l'iniquité » — c'est ton engagement envers Dieu. Tu ne peux pas réclamer la protection du sceau tout en ignorant ses exigences. Lorsque tu invoques le nom du Christ tout en persistant dans un péché caché, le sceau devient flou et l'ennemi trouve une brèche pour t'attaquer.

Mais lorsque tu choisis une vie de séparation, ton appartenance devient incontestable dans le monde spirituel.

Être scellé signifie que tu es retiré du marché. Tu n'es plus à la disposition du monde, du diable ou de la chair. Tu es une propriété privée du ciel. Cette vérité devrait t'apporter une assurance profonde. Si Dieu te possède, il te protège. S'il te possède, il pourvoit à tes besoins. Aujourd'hui, prends conscience et réjouis-toi du sceau de la sainteté. Ne considère pas l'éloignement de l'iniquité comme une perte de liberté, mais comme l'activation de ta police d'assurance divine.

Déclaration prophétique : *Je suis scellé par Dieu. J'appartiens au Roi. Je suis hors de portée du royaume des ténèbres.*

Prions :

1. *Père, je te remercie de m'avoir marqué du sceau de ton Saint-Esprit.*
2. *Seigneur, que le sceau de ton appartenance soit visible dans mon caractère et ma conduite aujourd'hui.*
3. *Seigneur, donne-moi la force de m'éloigner de toute forme d'iniquité, visible ou cachée.*
4. *Père, je déclare que je suis ta propriété privée ; aucun ennemi n'a de droit sur ma vie.*
5. *Saint-Esprit, garde la marque de Christ fraîche et claire sur mon cœur.*

Jeudi 23 avril

DONNE AVEC AMOUR ET HUMILITÉ

Lis : 2 Corinthiens 8:1-5

La Bible en 1 an : Lev. 20-23
La Bible en 2 ans : Nom. 8-9

« Et n'oubliez pas la bienfaisance et la libéralité, car c'est à de tels sacrifices que Dieu prend plaisir » (Hébreux 13:16).

Le don chrétien ne se mesure pas d'abord à l'aune du montant, mais à celle de la motivation du cœur. Les Écritures nous montrent que la vraie générosité jaillit de l'amour, et non de l'abondance. Paul témoigne que les croyants de Macédoine, malgré leur extrême pauvreté, ont fait preuve d'une générosité débordante, car ils s'étaient d'abord donnés eux-mêmes au Seigneur (2 Corinthiens 8:2-5). Les biens ne les possédaient pas ; c'est l'amour qui les animait.

Le Nouveau Testament utilise souvent le terme « *haplotès* » pour désigner la générosité, la simplicité ou l'unité de cœur. Il décrit un don sans arrière-pensée, sans orgueil ni mise en scène. L'humilité, « *tapeinophrosynè* », désigne une disposition intérieure qui place Dieu et les autres avant soi-même. Lorsque la générosité découle de l'humilité, le ciel s'en réjouit.

Jésus a mis en lumière l'offrande d'une veuve pauvre. Aux yeux des hommes, son offrande paraissait insignifiante, mais elle était précieuse aux yeux de Dieu, car elle venait du fond du cœur. Cette scène révèle une vérité profonde : plus on accumule, plus la peur peut serrer le cœur. L'argent est un bon serviteur, mais un terrible maître.

Dans un petit village, une église a collecté des dons pour les victimes d'inondations. Une femme âgée est venue avec des œufs de sa ferme, sa seule ressource. Ces œufs ont nourri des familles ce soir-là. Son offrande a parlé plus fort que de grands chèques, car elle était enveloppée d'amour.

John Wesley avertissait avec sagesse : « Quand j'ai de l'argent, je m'en débarrasse rapidement, de peur qu'il ne trouve le chemin de mon cœur. » Dieu lui-même nous donne l'exemple d'une générosité pure. Il valorise les personnes plus que les possessions et il donne pour restaurer ce qui est brisé. Lorsque l'amour motive le don, la générosité devient un canal de secours et de révélation.

Donne non pas pour impressionner les hommes, mais pour plaire à Dieu. Donne avec amour et humilité, et tu récolteras des bénédictions éternelles.

Action pratique : *Cette semaine, donne intentionnellement à une personne dans le besoin, sans rien attendre en retour.*

Prions :

1. *Père, je te remercie pour ton amour généreux et pour chaque occasion que tu me donnes de partager, au nom de Jésus.*
2. *Seigneur, purifie mes motivations et délivre-moi de l'orgueil et de l'égoïsme, au nom de Jésus.*
3. *Père, aide-moi à valoriser les personnes plus que les biens et l'éternité plus que les applaudissements, au nom de Jésus.*
4. *Seigneur, fais de mes ressources un canal de bénédiction et de restauration pour les autres, au nom de Jésus.*
5. *Seigneur, apprends-moi à donner avec constance, amour, humilité et joie, au nom de Jésus.*

Vendredi 24 avril **VALORISE LA VIE HUMAINE**

Lis : Matthieu 10 : 28-31

La Bible en 1 an : Lev. 24-27
La Bible en 2 ans : Nom. 10-11

« Dieu créa l'homme à son image, il le créa à l'image de Dieu, il créa l'homme et la femme » (Genèse 1:27).

La vie humaine est sacrée, car elle provient de Dieu. Dès le commencement, les Écritures révèlent que chaque être humain a une valeur divine, non pas en raison de sa richesse, de son intelligence, de son origine, de son genre, de son âge ou de ses accomplissements, mais parce qu'il a été créé à l'image de Dieu. Valoriser la vie, c'est honorer l'amour de Dieu manifesté dans la création.

Le mot hébreu traduit par « image » dans Genèse 1 h 27 est tselem, qui signifie « représentation » ou « reflet ». Cela signifie que chaque personne reflète quelque chose de la nature et de la gloire de Dieu. Lorsque nous rabaissons, abusons, négligeons ou déshumanisons les autres, nous ne blessons pas seulement des personnes, nous déshonorons Dieu lui-même.

Jésus a constamment démontré la valeur divine de la vie humaine. Il a touché les lépreux, accueilli les enfants, défendu la femme surprise en adultère et mangé avec ceux que la société rejetait. Dans Matthieu 10 : 30-31, il nous rappelle que même les cheveux de notre tête sont tous comptés. Si Dieu accorde une telle attention à la vie humaine, alors l'amour nous appelle à faire de même.

De nombreux foyers, communautés et nations souffrent parce que la vie humaine est banalisée à travers la violence, l'injustice, la négligence et l'indifférence. Pourtant, l'amour divin nous invite à considérer les personnes avec les yeux de Dieu. L'amour n'exploite pas, il protège. L'amour ne détruit pas, il préserve. L'amour ne rejette pas, il restaure.

Valoriser la vie humaine commence à la maison. Les paroles que tu adresses à ton conjoint, à tes enfants et à tes proches affirment soit leur valeur, soit elles écrasent leur identité. Un foyer rempli d'amour devient un lieu où la dignité est restaurée, la confiance cultivée et la destinée réveillée. Là où la vie est valorisée, l'amour fleurit.

La croix est la preuve suprême de la valeur que Dieu accorde à la vie humaine. **JÉSUS N'EST PAS MORT POUR DES BIENS OU DES SYSTÈMES, IL EST MORT POUR DES PERSONNES.** Chaque vie a coûté le sang de Christ. Cette vérité devrait transformer notre manière de parler, d'agir, de pardonner et de servir les autres.

Bien-aimé, lorsque tu valorises la vie, tu reflètes l'amour divin. Lorsque tu protèges la dignité humaine, Dieu t'accorde de l'influence. Un amour qui honore la vie attire l'approbation du ciel.

Action pratique : *Décide aujourd'hui de ne prononcer que des paroles qui affirment la valeur et la dignité des personnes qui t'entourent.*

Prions :

1. *Père, je te remercie d'avoir créé chaque vie humaine avec un but et une valeur, au nom de Jésus.*
2. *Seigneur, aide-moi à voir les autres à travers ton regard d'amour, au nom de Jésus.*
3. *Père, délivre-moi de toute parole ou attitude qui diminue la dignité humaine, au nom de Jésus.*

4. *Seigneur, guéris en moi toute blessure causée par le rejet, l'abus ou la négligence, au nom de Jésus.*
5. *Père, fais de mon foyer un lieu où la vie est honorée et où l'amour s'exprime, au nom de Jésus.*

Samedi 25 avril

PROTÈGE TES YEUX ET TON ESPRIT

Lis : Matthieu 6:22-23

La Bible en 1 an : Luc 1-3
La Bible en 2 ans : Nom. 12-13

« Je ne mettrai rien de mauvais devant mes yeux ; je hais la conduite de ceux qui se détournent, elle ne s'attachera point à moi » (Psaume 101:3).

La force de ta pureté dépend en grande partie de la manière dont tu gardes tes yeux. La chute de David a commencé par un regard (2 Samuel 11). Il a laissé ses yeux s'attarder là où il aurait dû les détourner. Cela nous rappelle que l'œil n'est pas seulement un organe physique, mais aussi une porte vers l'âme. Ce qui entre par les yeux influence souvent les pensées, alimente les désirs et guide les actions.

Dans Matthieu 6:22, le mot grec « *haplous* », traduit par « bon », signifie « simple, clair, sans partage ». Un œil sain est un œil fixé sur Dieu, et non distrait par le péché ou les séductions du monde. Mais lorsque le regard se disperse, l'esprit s'emmêle rapidement.

Notre génération est submergée d'images et de distractions provenant des médias, de la publicité et du divertissement, qui se disputent tous notre attention. Sans discipline, les yeux deviennent des portes grandes ouvertes par lesquelles l'impureté et la tentation entrent, polluant l'esprit et affaiblissant la volonté.

De la même manière qu'un ordinateur infecté par un virus devient lent et dysfonctionnel, l'esprit subit des dommages lorsqu'il est nourri de contenus corrompus.

Prendre soin de ses yeux, c'est comme installer un bon antivirus : cela filtre ce qui entre afin que tout le système reste sain.
Protéger ses yeux et son esprit demande de faire des choix intentionnels : éviter certaines images, filtrer ce que l'on regarde, mémoriser la Parole et laisser le Saint-Esprit renouveler nos pensées (Romains 12:2). Lorsque tu fixes ton regard sur Christ, ton cœur demeure aligné sur sa lumière.

Action pratique : *Y a-t-il des images, des vidéos ou des applications sur ton téléphone qui t'éloignent de Dieu ? Prends une décision concrète aujourd'hui : supprime-les et bloque les sites ou contenus qui attirent ton cœur vers le péché.*

Prions :

1. *Père, je te remercie pour la puissance du Saint-Esprit à l'œuvre dans mon corps, mon âme et mon esprit.*
2. *Père, que ton feu libère mes yeux et mon esprit de tout ce qui corrompt mon âme, au nom de Jésus.*
3. Pose ta main sur ta tête et prie 5 fois : *« Je reçois le sang de Jésus sur mon esprit pour la purification de toute pensée mauvaise, au nom de Jésus. »*
4. *Je reçois la grâce de fixer mon regard sur christ et sur les réalités célestes, au nom de Jésus.*
5. *Père, délivre-moi de l'esprit de distraction et de convoitise, et remplis mon cœur du feu de la sainteté, au nom de Jésus.*

Dimanche 26 avril

LEÇONS TIRÉES DE LA CHUTE DE GUÉHAZI

Lis : 2 Rois 5:20-27

La Bible en 1 an : Luc 4-6
La Bible en 2 ans : Nom. 14

« Car l'amour de l'argent est une racine de tous les maux ; et quelques-uns, en étant possédés, se sont égarés loin de la foi et se sont jetés eux-mêmes dans bien des tourments » (1 Timothée 6:10).

L'histoire de Guéhazi ne parle pas seulement de cupidité ; elle est un avertissement sérieux pour tout serviteur de Dieu qui placerait ses priorités ailleurs qu'au service de Dieu. Élisée venait en effet de manifester la grâce de Dieu en guérissant Naaman gratuitement, montrant ainsi que le salut et la bénédiction ne sauraient être considérés comme des marchandises. Mais Guéhazi, aveuglé par l'amour de l'argent, poursuivit secrètement le général syrien pour lui réclamer une récompense. Cet acte de convoitise lui coûta son ministère, son onction et même sa santé.

Le terme hébreu traduit par « cupidité », « batsa », évoque le gain injuste, le fait de dépouiller les autres pour s'approprier ce qui ne nous revient pas. Le cœur de Guéhazi s'est détaché de la vérité, car il désirait la richesse en dehors de la volonté de Dieu. Jésus avertit d'ailleurs dans Matthieu 6:24 que nul ne peut servir deux maîtres : on ne peut servir à la fois Dieu et l'argent (mammon, qui personnifie la richesse comme une idole). Guéhazi a voulu servir les deux, mais il est devenu un serviteur de la honte, portant la lèpre de Naaman.

Un missionnaire a un jour témoigné qu'on lui avait offert une fortune pour diluer le message de l'Évangile et obtenir une acceptation politique. Il a refusé en disant : « Je préfère rester pauvre aux yeux des hommes que ruiné aux yeux de Dieu. » C'est cet esprit qui a manqué à Guéhazi.

Voici quelques leçons tirées de la chute de Guéhazi :

1. Garde ton cœur, car une cupidité cachée finit toujours par se manifester.
2. Accorde plus d'importance à la présence de Dieu qu'aux possessions. L'onction n'a pas de prix.
3. Pense à la génération suivante avant d'agir. Le péché de Guéhazi a affecté ses descendants.
4. Choisis le contentement. La vraie richesse, c'est la piété alliée au contentement (1 Timothée 6:6).

Action pratique : *Consacre cette journée à sonder ton cœur devant Dieu afin de traiter toute forme de cupidité ou d'avarice.*

Prions :

1. *Père, je te remercie de m'avertir à travers l'histoire de Guéhazi, au nom de Jésus.*
2. *Seigneur, délivre-moi de tout amour caché pour l'argent, au nom de Jésus.*
3. *Père, que l'intégrité et la pureté guident ma vie et mon service, au nom de Jésus.*
4. *Père miséricordieux, ne permets jamais que je pose un acte qui déclencherait une malédiction générationnelle sur mes enfants, au nom de Jésus.*
5. *Feu de Dieu, descends dans notre Église et délivre tes serviteurs de l'esprit de Guéhazi, au nom de Jésus.*

Lundi 27 avril

5 FAÇONS DONT L'IMMORALITÉ DÉTRUIT UNE DESTINÉE

Lis : Proverbes 5:1-14

La Bible en 1 an : Luc 7-9
La Bible en 2 ans : Nom. 15

« Fuis aussi les passions de la jeunesse, et recherche la justice, la foi, l'amour, la paix, avec ceux qui invoquent le Seigneur d'un cœur pur » (2 Timothée 2:22).

Ta destinée est le dessein que Dieu a formé pour ta vie. Elle est précieuse, puissante et a un impact qui dépasse souvent ta propre personne. C'est la raison pour laquelle la Parole de Dieu nous met en garde avec insistance : l'immoralité a le pouvoir de détourner, de ralentir ou de détruire une destinée, si elle n'est pas combattue tôt et fermement. Les avertissements de Dieu ne visent pas à étouffer la joie, mais à protéger le but.

Voici cinq façons dont l'immoralité peut détruire une destinée :

1. ***Elle affaiblit la sensibilité spirituelle*** : l'immoralité endurcit la conscience et attriste le Saint-Esprit. Peu à peu, la voix de Dieu devient floue et le discernement spirituel s'émousse (Éphésiens 4:30).
2. ***Elle draine la force et la concentration :*** les Proverbes avertissent que l'immoralité livre notre force à d'autres. L'énergie, le temps et la passion destinés à l'appel de Dieu sont alors engloutis par la culpabilité, le secret et la distraction.

3. ***Elle détruit la réputation et la confiance :*** la destinée s'appuie souvent sur la crédibilité. L'immoralité brise la confiance avec le conjoint, la famille, les mentors et la communauté, et ferme des portes que Dieu voulait ouvrir.
4. ***Elle crée des cycles de servitude*** : ce qui commence comme un choix peut devenir une habitude. La servitude réduit la liberté, freine la croissance et enferme la personne dans les mêmes combats au lieu de l'aider à avancer.
5. ***Elle entraîne des conséquences douloureuses qui dépassent l'instant*** : la Parole dit que les blessures et le déshonneur demeurent (Proverbes 6:33). Même lorsque Dieu pardonne, certaines conséquences peuvent avoir un impact durable sur les relations, les opportunités et l'estime de soi.

Mais il y a de l'espoir. Dieu restaure quiconque se repent sincèrement. Il purifie, guérit et réaligne la destinée lorsque le cœur revient à lui avec humilité. Joseph a fui l'immoralité et a accédé au leadership. Samson, lui, a joué avec l'immoralité et a perdu sa force. La différence ne résidait pas dans l'appel, mais dans les choix.

La destinée est préservée par l'obéissance. La sainteté n'est pas une faiblesse ; c'est une sagesse qui protège l'avenir. *« Comment le jeune homme rendra-t-il pur son sentier ? En se dirigeant d'après ta parole » (Psaume 119:9).*

Action pratique : *Identifie aujourd'hui un domaine dans lequel tu dois poser des limites plus fermes face à l'immoralité, et agis concrètement pour protéger ta destinée.*

Prions :

1. *Père, je te remercie pour ta grâce, ta miséricorde et ta protection sur ma vie et ma famille.*
2. *Seigneur, je reçois de toi la force de fuir toute forme d'immoralité et de compromis caché.*
3. *Saint-Esprit, purifie mon cœur, mon esprit et mon corps, et aide-moi à marcher dans la pureté chaque jour.*
4. *Père, accorde-moi la victoire sur la tentation et la discipline nécessaire pour garder mes yeux, mes pensées et mes désirs purs.*
5. *Seigneur, établis la sainteté dans ma vie, et que mes choix protègent ma famille ainsi que les générations futures.*

Prières prophétiques de la semaine

1. ***« La joie de l'Éternel sera ta force » (Néhémie 8:10).*** *Je suis fortifiée chaque jour par la joie du Seigneur, au nom de Jésus.*
2. **« Tu es un bouclier autour de moi » (Psaume 3:3). *Je*** *suis divinement protégée de tous côtés, au nom de Jésus.*
3. ***« Il restaure mon âme » (Psaume 23:3).*** *Mon âme est restaurée et rafraîchie aujourd'hui, au nom de Jésus.*

Mardi 28 avril

MARCHE DANS L'INTÉGRITÉ

Lis : Proverbes 10:9

La Bible en 1 an : Luc 10-13
La Bible en 2 ans : Nom. 16

« Le juste marche dans son intégrité ; ses enfants sont bénis après lui » (Proverbes 20:7).

L'intégrité est l'un des plus grands trésors qu'un croyant puisse posséder. Elle est la clé de la prospérité, de la sécurité et de la longévité.

Le mot hébreu traduit par « intégrité » est « *Tom* », qui signifie complétude, innocence et sincérité. Il décrit une personne dont la vie est entière et cohérente, sans double visage. Marcher dans l'intégrité, c'est être la même personne en privé et en public, quand personne ne regarde comme quand tout le monde observe.

La Bible insiste sur le fait que le caractère a plus de valeur que la richesse. *« Mieux vaut le pauvre qui marche dans son intégrité, Que celui qui a des voies tortueuses et qui est riche. » (Proverbes 28:6).* Dieu accorde davantage de valeur à l'honnêteté et à la fidélité qu'au succès visible ou aux talents impressionnants.

Billy Graham disait : « Quand on perd de l'argent, on ne perd rien ; quand on perd la santé, on perd quelque chose ; quand on perd son caractère, on perd tout. » Cette phrase rappelle avec force que l'intégrité est le fondement du leadership et de l'héritage que l'on laisse.

Pense à cet homme d'affaires qui a refusé un pot-de-vin, même si cela lui a coûté un contrat très lucratif. Sur le moment, on s'est moqué de lui. Mais des années plus tard, son intégrité lui a valu une influence inattendue : il est devenu un conseiller respecté de responsables gouvernementaux. Son choix a non seulement béni sa propre vie, mais aussi celle de sa famille.

L'intégrité ouvre la porte aux bénédictions générationnelles. Dieu promet lui-même que les enfants du juste sont bénis après lui (Proverbes 20:7). En vivant avec intégrité aujourd'hui, tu écris l'histoire que tes enfants et les générations futures hériteront demain.

Choisis chaque jour la vérité, la fidélité et la fiabilité. Même si personne ne remarque tes choix, Dieu les voit, et le ciel en garde la trace. L'intégrité peut te coûter à court terme, mais elle te rapportera une récompense éternelle.

Action pratique : *Y a-t-il un domaine de ta vie dans lequel Dieu t'appelle à faire preuve de plus d'intégrité ? Prends dès maintenant la décision de marcher droit dans ce domaine.*

Prions :

1. *Seigneur, je te remercie de m'appeler à marcher dans l'intégrité, au nom de Jésus.*
2. *Père, délivre-moi de tout compromis et de toute double mesure, au nom de Jésus.*
3. *Seigneur, fortifie-moi pour que je vive avec cohérence devant toi et devant les hommes, au nom de Jésus.*
4. *Père, que ma vie soit un témoignage de justice et de droiture sur mon lieu de travail, au nom de Jésus.*
5. *Père, fais en sorte que mes enfants héritent des bénédictions liées à une vie d'intégrité, au nom de Jésus.*

Mercredi 29 avril

LA VICTOIRE SUR LA TENTATION

Lis : 1 Corinthiens 10:13

La Bible en 1 an : Luc 14-17

La Bible en 2 ans : Nom. 17-18

« Car nous n'avons pas un souverain sacrificateur qui ne puisse compatir à nos faiblesses ; au contraire, il a été tenté comme nous en toutes choses, sans commettre de péché » (Hébreux 4:15).

La tentation est une expérience universelle, mais la victoire est possible et garantie en Christ. La Bible ne nie pas l'existence de la tentation ; elle nous enseigne comment la traverser sans pécher. Le mot grec traduit par « tentation » dans 1 Corinthiens 10:13 est *« peirasmos »*, qui signifie « épreuve », « test » ou « sollicitation au péché ». Autrement dit, la tentation n'est pas le péché en soi ; c'est une invitation que l'on peut accepter ou refuser.

Jésus lui-même a été tenté dans le désert (Matthieu 4 : 1-11). Pourtant, il n'a pas cédé. Sa stratégie n'était ni la fuite émotionnelle, ni la négociation avec l'ennemi, mais une réponse ferme fondée sur la Parole : *« Il est écrit »*. Cela nous rappelle que la Parole de Dieu est une arme puissante contre la tentation. La Parole de Dieu n'est pas seulement une source d'encouragement, c'est aussi une épée spirituelle (Éphésiens 6:17).

Un ancien prédicateur disait souvent : « Tu ne peux pas empêcher les oiseaux de voler au-dessus de ta tête, mais tu peux les empêcher d'y faire leur nid. » De la même manière, on ne peut pas toujours empêcher la tentation de se présenter, mais on peut refuser de la nourrir, de la méditer ou de lui laisser une place dans son cœur.

Je me souviens d'un jeune homme que j'ai accompagné et qui luttait contre la pornographie. Le véritable tournant est survenu lorsqu'il a commencé à mémoriser des versets bibliques et à les réciter à haute voix à chaque fois que la tentation se présentait. Peu à peu, son esprit a été renouvelé et l'emprise du péché a perdu de sa force. Aujourd'hui, il témoigne d'une liberté durable.

Jésus comprend parfaitement nos faiblesses et intercède continuellement en notre faveur (Hébreux 7:25). Parce qu'il a vaincu, nous pouvons aussi vaincre. Le combat ne se gagne pas par la seule volonté humaine, mais par la puissance de l'Esprit de Dieu (Zacharie 4:6). L'entourage est également important : la redevabilité, la prière et la communion avec des croyants matures sont des protections précieuses.

La victoire sur la tentation est possible. Elle ne vient pas de nos propres forces, mais de la puissance du Christ en nous.

Action pratique : *Ressens-tu une pression particulière pour faire un compromis ? Cherche de l'aide dès maintenant. Il est toujours plus sage de demander de l'aide avant de commettre une erreur que de la réparer après.*

Prions :

1. *Seigneur, merci parce que tu prépares toujours une issue favorable au milieu de chaque tentation, au nom de Jésus.*
2. *Donne-moi la force de résister aux ruses de l'ennemi, au nom de Jésus.*
3. *Père, remplis mon cœur de ta Parole comme d'un bouclier puissant, au nom de Jésus.*

4. *Seigneur, entoure-moi de personnes pieuses qui m'encouragent à marcher dans la sainteté, au nom de Jésus.*
5. *Je déclare que je triomphe de la tentation par le sang de Jésus et par la puissance de sa Parole ; le péché n'aura plus de pouvoir sur moi, au nom de Jésus.*

Jeudi 30 avril

VIVRE CHAQUE JOUR PRÊT

Lis : Matthieu 24 : 37-44

La Bible en 1 an : Luc 18-21
La Bible en 2 ans : (Rattrapage)

« Il vous affermira aussi jusqu'à la fin, pour que vous soyez irréprochables au jour de notre Seigneur Jésus-Christ » (1 Corinthiens 1:8).

Es-tu prêt à te présenter devant Dieu pour rendre compte de ta vie ? Beaucoup de gens, y compris certains chrétiens, vivent comme si ce moment n'arriverait jamais. Aujourd'hui, le Saint-Esprit nous invite à réfléchir sérieusement à l'éternité. Il y a quelques années, un jeune homme disait : *« Quand j'aurai grandi, que je serai marié et que j'aurai pleinement profité de la vie, alors j'accepterai Jésus. »* Il parlait avec assurance, mais ses paroles révélaient une profonde ignorance de la fragilité de la vie et du danger de mourir sans Christ. La préparation pour l'éternité n'est pas quelque chose à remettre à plus tard.

Dans Matthieu 24 : 37-44, Jésus compare son retour aux jours de Noé. Les gens mangeaient, buvaient, se mariaient et menaient une vie normale jusqu'au jour où le jugement les a frappés soudainement. Ils n'étaient pas coupables parce qu'ils travaillaient ou célébraient, mais parce qu'ils n'étaient pas prêts et qu'ils avaient ignoré l'avertissement de Dieu.

Jésus insiste sur le fait que son retour sera soudain et inattendu. C'est pourquoi il ordonne : *« Soyez prêts. »* Être prêt ne signifie pas vivre dans la peur ou la panique, mais adopter un mode de vie fidèle et en accord avec la volonté de Dieu. Paul nous explique comment rester prêts. Dieu lui-même agit en nous, nous fortifiant et nous gardant irréprochables jusqu'au jour de Christ (1 Corinthiens 1:8). La préparation ne repose pas uniquement sur nos efforts humains, mais sur une dépendance quotidienne à la grâce de Dieu. En marchant avec Christ, il façonne notre caractère, nous convainc de péché et nous donne la force de vivre dans la sainteté.

Concrètement, vivre prêt signifie garder l'éternité en perspective. Cela implique de se repentir quotidiennement, d'obéir à la parole de Dieu, de rester fidèle dans la prière et d'aimer les autres. Cela demande également de refuser toute complaisance spirituelle et de garder un cœur sensible au Saint-Esprit. Les croyants préparés ne se contentent pas d'attendre le Christ ; ils vivent de manière à l'honorer.

Action pratique : *Examine ta vie aujourd'hui. Éloigne tout ce qui émousse ta vigilance spirituelle et renouvelle ton engagement à vivre chaque jour prêt à rencontrer le Seigneur.*

Prions :

1. *Seigneur, réveille mon cœur afin que je vive chaque jour en ayant l'éternité en vue, au nom de Jésus.*
2. *Père, purifie-moi de tout péché qui m'empêcherait d'être prêt pour le retour de Christ, au nom de Jésus.*
3. *Saint-Esprit, fortifie-moi pour que je demeure fidèle et vigilant jusqu'à la fin, au nom de Jésus.*
4. *Seigneur, aide-moi à marcher dans l'obéissance et la sainteté jusqu'à ton retour, au nom de Jésus.*
5. *Père, garde-moi irréprochable et prêt pour le jour où je rencontrerai Jésus-Christ, au nom de Jésus.*

L'UTILITE DE VOTRE SOUTIEN

Il est très clair, suite aux nombreux miracles, aux multiples percées et aux transformations des vies, que Dieu a choisi de se servir de ce ministère pour stimuler le réveil parmi Son peuple au Cameroun et au-delà. J'ai reçu l'appel seul, mais je ne peux pas l'exécuter tout seul. Vous avez un rôle unique à jouer dans la réalisation de ce projet divin. Joignez-vous à nous pendant que nous propageons l'évangile dans chaque coin du Cameroun, et au-delà de ses frontières.

Nous voulons commencer à placer des exemplaires de ce livre dans les hôtels, les hôpitaux, les écoles et les maisons, pour toucher les vies des gens avec l'évangile de Jésus-Christ. Tout comme vous avez été béni par ce livre, eux également seront grandement bénis.

TÉMOIGNAGE

Chaque mois, des centaines d'exemplaires de ce guide de prière quotidienne sont distribuées gratuitement grâce au geste de générosité de nos partenaires. Que Dieu bénisse chacun d'entre vous qui a sponsorisé fidèlement cette œuvre par sa semence financière.

Vous également vous pouvez sponsoriser 10, 25, 50, 100 ou plus d'exemplaires de ce livre pour qu'ils soient imprimés et distribués gratuitement à tous ceux qui ont faim de la Parole. Appelez au numéro (237) 699.90.26.18 ou au 674.49.58.95, ou envoyez un email à :
voiceofrevivalcameroon@yahoo.com.

Si vous voulez devenir un distributeur de notre littérature, contactez-nous directement et nous vous donnerons des directives quant au processus à suivre.

OÙ ACHETER CE GUIDE DE PRIÈRE

Centres RCR

- **Yaoundé:** ***Siège Tempête de prière*** **:** 1er étage du bâtiment à étages, Entrée Lycée de Tsinga, village, en bordure de la route principale. **Contacts :** 681.72.24.04/ 695.72.23.40
- **Bamenda:** Revival Christian Book Center, **Cow Street**: 675.14.04.50/ 694.20.04.51
- **Douala/PK 8:** All American Depot en face Lycée **Cité des Palmiers**: 678.04.11.41/ 696.90.76.09/ 670.34.42.32

Adamaoua

- **Meinganga:** MPE: 699.65.02.67/ 670.00.70.24/ 696.13.79.81/ 699.26.14.95
- **N'Gaoundéré:** EEC Mont des Oliviers: 674.14.20.51, EEL: 690.06.37.14
- **Tibati:** EEC: 681.01.33.34

Centre

- **Bafia:** MPE: 675.21.92.95/ 695.54.96.14
- **Eseka:** MPE: 675.07.56.24
- **Mbalmayo:** EEC: 675.12.86.85/
- **Mfou:** MPE: 677.36.43.28
- **Monatélé:** MPE: 677.58.42.99
- **Obala:** Kana Computer Sces en face Palace: 676.00.26.27
- **Yaoundé:** EEC **Biyem-assi**: 675.61.86.00/ 677.49.95.83/ 691.26.18.08, EEC **Nlongkak**: 677.56.41.09, EEC **Nouvelle Alliance**: 670.80.56.93, MPE **Biyem-assi**: 675.14.72.70, MPE **Etoug-Ebé**: 671.47.75.78/ 673.50.42.33,Galaxy Computers, Châteaux **Ngoa-Ekelle**: 670.52.75.26
- **Yaoundé: Librairie Chrétienne** Les Champions en face Total Caveau, **Mvog-Ada**: 675.51.02.86, **LC Maison de la Grâce**, Montée Jouvence en face Olympia: 675.38.46.96, **LC Maison de la Bénédiction**, Marché Nsam: 691.64.47.84,

LC la Rhema, Marché Essos, Terminus: 679.39.37.42, **LC Maison du Salut**, Pharmacie du Soleil, Carrefour MEEC: 674.85.16.33/ 699.33.85.11, **LC Livre de Vie**, Mini ferme: 675.00.45.60, **LC Bethesda**, Tsinga: 679.97.06.26, **Overcomers Christian Bookshop**, en face Djongolo Hospital, Etoa Meki: 677.164.620, **Mount Zion Christian Bookshop**, en face Sonel TKC: 663.258.623 / 675.219.435

- **Yaoundé: Tongolo**: 675.62.86.00, **Olembe**: 651.63.52.34, **DGI-Carrefour Abbia** 652.22.22.49, **Messassi**: 675.24.70.73, **Nkozoa**: 670.29.50.18, **Essos**: 677.53.94.52, **Odzja**: 672.34.34.68/ 679.97.47.08, **Etoug-Ebé**: 675.37.18.11, **Mimboman**: 699.90.52.84, **Poste Centrale**: 650.70.08.07, **Emombo**: 699.90.52.84, **Lycée Emana**: 677.86.23.14

Est

- **Batouri:** MPE: 664.86.41.80
- **Bertoua:** CBC, **quartier Ngaikada** ou **Aprilé centrale** sous-préfecture: 675.00.64.64, Collège Bilingue de l'Orient, entrée Hôpital Régionale, **quartier Italy**: 670.56.81.49, MPE, **Nkolbikon**: 696.57.95.43, 677.65.46.76, MPE, **Tigaza**: 674.15.13.18
- **Yokadouma:** MPE: 673.16.24.95/ 696.51.73.70

Extrême-Nord

- **Maroua:** AMI **Ouro-tchaedie**: 694.43.33.63, MPE de **Harde**: 675.33.12.27, Église Catholique Romaine: 673.15.19.76
- **Yagoua :** MPE: 675.691.869

Littoral

- **Douala: MPE** Nouvelle Deido: 677.79.26.96,**Dakar:** La Gloire Phone, immeuble X Tigi, Commissariat 11e: 697.60.57.85, **Kotto:** Derrière la station Neptune, **Bloc M**:

677.68.18.52, **Bonaberi**: 677.89.87.46, **Akwa**: 672.89.78.25/ 691.04.14.59/ 677.85.46.69/ 677.91.29.45, **Longpom**: 677.68.18.52/ 651.78.57.30, **Bepanda**: 677.42.75.24, Carrefour Lycée de **Maképé**: 698.09.42.63, **PK12**: 677.91.29.45/ 696.13.99.26, **Texaco-Nkololuon**: 675.18.79.85/ 691.04.14.59, La Gloire Phone, maison X.Tigi, **Carrefour entrée Bille**: 678.19.90.85, **Poste Ndokoti**: 677.94.52.42 / 691.04.14.59, **Pk21**: 670.79.05.40/ 691.04.14.59, **Bonanjo**: 691.04.14.59, **Marché centrale**: 675.01.07.63/ 691.04.14.59, **Akwa Union Bank**: 652.03.00.86, **Ange-Raphael ESSEC**: 694.26.12.28/ 677.91.29.45, **Bonamoussadi Maetur**: 694.26.12.28 /677.91.29.45, **Village**: 670.79.05.40/ 691.04.14.5, **Sure Foundation Rondpoint Deido:** en face Total Bonantone: 671.577.300, **Sure Foundation Bonabéri:** Ancienne route en face Lycée de Bonaberi Chapelle des Vainqueurs: 652.541.464, **Wisdom Christian Bookshop Béssengué:** en face Majesty Pressing, Cinéma Éden: 677.853.842, **Wisdom Christian Bookshop Bonabéri:** Ancienne route entrée EEC Paroise de Besseke, **Radio Vie Nouvelle:** Stade SICAM Ange-Raphael: 672.457.224

- **Nkongsamba:** MPE: 676.40.90.55
- **Melong - GCEPAL:** Tél: 677.80.16.45

Nord

- **Garoua:** MPE: 677.35.62.73/ 694.77.94.78

Nord-Ouest

- **Bamenda:** Bamenda Main Market, **Boutique 15**: 679.451.188, Caisse populaire Carmel (CarCCUL), **Sonac Street**: 651.04.21.27, MPE Bureau régional du NO1, en face Garanti Express: 679.46.63.31, MPE, **Cow Street**: 677.21.97.22, MPE, **Mbomassa**: 683.40.40.88, Omega Fire Ministry, **Foncha junction**: 677.93.19.98, Siège ACADI,

Wakiki junction: 673.51.19.53, SUMAN Christian Book Center, **Sonac Street**: 675.72.91.32/ 665.49.98.48, Victory Computers, Food Market, **Fishpond Hill**: 677.64.19.54, Femmes pleureuses: 696.00.35.07/ 674.57.36.76

- **Batibo:** MPE: 677.31.25.45
- **Mbingo/Njinikom:** BERUDA: 677.60.14.07
- **Jakiri:** MPE, **Nkar**: 677.73.82.91
- **Kumbo:** MPE: 675.72.91.32
- **Mbengwi:** MPE: 677.33.73.86
- **Ndop:** Bruno Bijouterie, gars centrale: 674.97.59.34
- **Wum:** MPE Central ville: 677.64.32.56, Eglise Presbytérienne de Kesu: 677.13.83.51

Ouest

- **Bafang:** MPE: 678.229.966
- **Bafoussam:** Alliance biblique du Cameroun, **Tamdja** derrière SOREPCO: 699.74.79.10, Radio Bonne Nouvelle: 699.93.09.32, LC du **Camp** oignon: 699.51.47.25, LC PAROLE DE VIE, **gare routière de** Ndiangdam: 699.75.50.99, Dépôt RAYON AMBIANCE **marché A**: 699.42.78.47, EEC **Tamdja**: 696.14.90.16, EEC **Kamkop**: 699.44.03.59, EEC **Plateau**: 696.17.54.23, EEC **Toket**: 695.56.43.61, EEC **SOCADA**: 697.85.65.65, EEC **Tyo-Baleng**: 670.89.70.52, EEC **Kouogouo**: 675.42.27.86, EEC **Diangdam**: 698.35.20.37, MPE **Kamkop**: 653.83.11.80, Faith Bible Church: 683.94.01.21
- **Baham :** MPE : 677.47.55.79
- **Bandjoun :** MPE : 676.41.49.09
- **Bangangte :** Eglise Evangélique du Cameroun **Banekane**: 677.86.47.68
- **Banyo :** MPE : 677.92.05.98 / 674.64.71.31
- **Dschang :** MPE : 675.18.79.85 / 656.20.07.02, MPE **Minmeto**: 681.08.78.37 / 655.01.81.09

- **Foumban** : Décoration Splendeur, **CAMOCO**/Tél. : 677.79.30.83/ 694.85.09.25
- **Kombou:** EEC: 675.81.36.07
- **Mbouda:** MPE: 696.10.41.33/ 676.36.18.11, Cyber Café Pressing à-côté d'Éspace Saint Pierre du Fossie, en face Maison du Partie: 675.00.91.15, EEC **Mbouda Centre**: 695.61.97.79

Sud

- **Ebolowa:** MPE: 677.66.00.19/ 671.90.97.22
- **Ebolowa:** 671.90.97.22
- **Kribi:** Carrefour Django: 675.957.912
- **Kye-Ossi:** MPE: 678.78.00.90/ 699.95.96.99

Sud-Ouest

- **Buéa:** MPE de **Molyko**: 677.86.47.68, Molyko, à côté d'Express Union, **Check Point**: 675.06.37.78
- **Ekona:** MPE: 675.84.26.91
- **Kumba:** Caisse populaire Carmel (CarCCUL), **Sonac Street**: 675.45.12.21, Glorious Christian Book Center, **Sonac Street**: 677.62.58.49
- **Lebialem:** MPE de **Talung**, Bamumbu - Wabane: 670.466.121
- **Limbé:** Librairie Amen, **New town**: 677.16.51.62, MPE de **Mawoh**: 675.78.94.19, MPE de **Cow Fence**: **Centres RCR**
- **Yaoundé:** ***Siège Tempête de prière***, **Biyem-Assi Carrefour,** en face Croisade Campus pour Christ: 681.72.24.04/ 696.565.864
- **Bamenda:** Revival Christian Book Center, **Cow Street**: 675.14.04.50/ 694.20.04.51
- **Douala/PK 8:** All American Depot en face Lycée **Cité des Palmiers**: 678.04.11.41/ 696.90.76.09/ 670.34.42.32

Adamaoua

- **Meinganga:** MPE: 699.65.02.67/ 670.00.70.24/ 696.13.79.81/ 699.26.14.95
- **N'Gaoundéré:** EEC Mont des Oliviers: 674.14.20.51, EEL: 690.06.37.14
- **Tibati:** EEC: 681.01.33.34

Centre

- **Bafia:** MPE: 675.21.92.95/ 695.54.96.14
- **Eseka:** MPE: 675.07.56.24
- **Mbalmayo:** EEC: 675.12.86.85/
- **Mfou:** MPE: 677.36.43.28
- **Monatélé:** MPE: 677.58.42.99
- **Obala:** Kana Computer Sces en face Palace: 676.00.26.27
- **Yaoundé:** EEC **Biyem-assi**: 675.61.86.00/ 677.49.95.83/ 691.26.18.08, EEC **Nlongkak**: 677.56.41.09, EEC **Nouvelle Alliance**: 670.80.56.93, MPE **Biyem-assi**: 675.14.72.70, MPE **Etoug-Ebé**: 671.47.75.78/ 673.50.42.33,Galaxy Computers, Châteaux **Ngoa-Ekelle**: 670.52.75.26
- **Yaoundé: Librairie Chrétienne** Les Champions en face Total Caveau, **Mvog-Ada**: 675.51.02.86, **LC Maison de la Grâce**, Montée Jouvence en face Olympia: 675.38.46.96, **LC Maison de la Bénédiction**, Marché Nsam: 691.64.47.84, **LC la Rhema**, Marché Essos, Terminus: 679.39.37.42, **LC Maison du Salut**, Pharmacie du Soleil, Carrefour MEEC: 674.85.16.33/ 699.33.85.11, **LC Livre de Vie**, Mini ferme: 675.00.45.60, **LC Bethesda**, Tsinga: 679.97.06.26, **Overcomers Christian Bookshop**, en face Djongolo Hospital, Etoa Meki: 677.164.620, **Mount Zion Christian Bookshop**, en face Sonel TKC: 663.258.623 / 675.219.435
- **Yaoundé: Tongolo**: 675.62.86.00, **Olembe**: 651.63.52.34, **DGI-Carrefour Abbia** 652.22.22.49, **Messassi**: 675.24.70.73, **Nkozoa**: 670.29.50.18, **Essos**: 677.53.94.52, **Odzja**: 672.34.34.68/ 679.97.47.08, **Etoug-Ebé**:

675.37.18.11, **Mimboman**: 699.90.52.84, **Poste Centrale**: 650.70.08.07, **Emombo**: 699.90.52.84, **Lycée Emana**: 677.86.23.14

<u>Est</u>

- **Batouri:** MPE: 664.86.41.80
- **Bertoua:** CBC, **quartier Ngaikada** ou **Aprilé centrale** sous-préfecture: 675.00.64.64, Collège Bilingue de l'Orient, entrée Hôpital Régionale, **quartier Italy**: 670.56.81.49, MPE, **Nkolbikon**: 696.57.95.43, 677.65.46.76, MPE, **Tigaza**: 674.15.13.18
- **Yokadouma:** MPE: 673.16.24.95/ 696.51.73.70

<u>Extrême-Nord</u>

- **Maroua:** AMI **Ouro-tchaedie**: 694.43.33.63, MPE de **Harde**: 675.33.12.27, Église Catholique Romaine: 673.15.19.76
- **Yagoua :** MPE: 675.691.869

<u>Littoral</u>

- **Douala: Dakar:** La Gloire Phone, immeuble X Tigi, Commissariat 11e: 697.60.57.85, **Kotto:** Behind Neptune fuel station, **Bloc M:** 677.68.18.52, **Bonaberi:** 677.89.87.46, **Akwa:** 691.04.14.59/ 677.91.29.45, **Logpom:** 677.68.18.52/ 651.78.57.30**, Carrefour Lycée de Maképé:** 698.09.42.63, **PK 12 (Marché):** 677.91.29.45/ 696.13.99.26, **Texaco-Nkoulouluon:** 675.18.79.85/695112610 691.04.14.59, **Terminus Saint Michel :** 675187985, La Gloire Phone, Maison X. Tigi, **Carrefour entrée Bille:** 678.19.90.85, **PK 21:** 670.79.05.40/ 691.04.14.59, **Bonanjo:** 691.04.14.59, 677061705 691.04.14.59, **Ange Raphael ESSEC:** 694.26.12.28/ 677.91.29.45, 698360441, **Bonamoussadi Maetur:** 694.26.12.28/ 677.91.29.45, **Village:** 670.79.05.40/ 691.04.14.5, Sure Foundation **Bonabéri:** Ancienne route op. Lycée de Bonaberi Winners Chapel: 671.403.761

- **Nkongsamba:** MPE: 676.40.90.55
- **Melong - GCEPAL:** Tél: 677.80.16.45

Nord

- **Garoua:** MPE: 677.35.62.73/ 694.77.94.78

Nord-Ouest

- **Bamenda:** Bamenda Main Market, **Boutique 15**: 679.451.188, Caisse populaire Carmel (CarCCUL), **Sonac Street**: 651.04.21.27, MPE Bureau régional du NO1, en face Garanti Express: 679.46.63.31, MPE, **Cow Street**: 677.21.97.22, MPE, **Mbomassa**: 683.40.40.88, Omega Fire Ministry, **Foncha junction**: 677.93.19.98, Siège ACADI, **Wakiki junction**: 673.51.19.53, SUMAN Christian Book Center, **Sonac Street**: 675.72.91.32/ 665.49.98.48, Victory Computers, Food Market, **Fishpond Hill**: 677.64.19.54, Femmes pleureuses: 696.00.35.07/ 674.57.36.76
- **Batibo:** MPE: 677.31.25.45
- **Mbingo/Njinikom:** BERUDA: 677.60.14.07
- **Jakiri:** MPE, **Nkar**: 677.73.82.91
- **Kumbo:** MPE: 675.72.91.32
- **Mbengwi:** MPE: 677.33.73.86
- **Ndop:** Bruno Bijouterie, gars centrale: 674.97.59.34
- **Wum:** MPE Central ville: 677.64.32.56, Eglise Presbytérienne de Kesu: 677.13.83.51

Ouest

- **Bafang:** MPE: 678.229.966
- **Bafoussam:** Alliance biblique du Cameroun, **Tamdja** derrière SOREPCO: 699.74.79.10, Radio Bonne Nouvelle: 699.93.09.32, LC du **Camp** oignon: 699.51.47.25, LC PAROLE DE VIE, **gare routière de** Ndiangdam: 699.75.50.99, Dépôt RAYON AMBIANCE **marché A**: 699.42.78.47, EEC **Tamdja**: 696.14.90.16, EEC **Kamkop**:

699.44.03.59, EEC **Plateau**: 696.17.54.23, EEC **Toket**: 695.56.43.61, EEC **SOCADA**: 697.85.65.65, EEC **Tyo-Baleng**: 670.89.70.52, EEC **Kouogouo**: 675.42.27.86, EEC **Diangdam**: 698.35.20.37, MPE **Kamkop**: 653.83.11.80, Faith Bible Church: 683.94.01.21

- **Baham :** MPE : 677.47.55.79
- **Bandjoun :** MPE : 676.41.49.09
- **Bangangte :** Eglise Evangélique du Cameroun **Banekane**: 677.86.47.68
- **Banyo :** MPE : 677.92.05.98 / 674.64.71.31
- **Dschang :** MPE : 675.18.79.85 / 656.20.07.02, MPE **Minmeto**: 681.08.78.37 / 655.01.81.09
- **Foumban :** Décoration Splendeur, **CAMOCO**/Tél. : 677.79.30.83/ 694.85.09.25
- **Kombou:** EEC: 675.81.36.07
- **Mbouda:** MPE: 696.10.41.33/ 676.36.18.11, Cyber Café Pressing à-côté d'Éspace Saint Pierre du Fossie, en face Maison du Partie: 675.00.91.15, EEC **Mbouda Centre**: 695.61.97.79

<u>Sud</u>

- **Ebolowa:** MPE: 677.66.00.19/ 671.90.97.22
- **Ebolowa:** 671.90.97.22
- **Kribi:** Carrefour Django: 675.957.912
- **Kye-Ossi:** MPE: 678.78.00.90/ 699.95.96.99

<u>Sud-Ouest</u>

- **Buéa:** MPE de **Molyko**: 677.86.47.68, Molyko, à côté d'Express Union, **Check Point**: 675.06.37.78
- **Ekona:** MPE: 675.84.26.91
- **Kumba:** Caisse populaire Carmel (CarCCUL), **Sonac Street**: 675.45.12.21, Glorious Christian Book Center, **Sonac Street**: 677.62.58.49

- **Lebialem:** MPE de **Talung**, Bamumbu - Wabane: 670.466.121
- **Limbé:** Librairie Amen, **New town**: 677.16.51.62, MPE de **Mawoh**: 675.78.94.19, MPE de **Cow Fence**: 675.73.20.02
- **Misaje:** Kingdom Restoration Parish (KRP) **en face de l'hôpital**: 679.33.66.53
- **Mutengene:** MPE: 675.36.36.84
- **Muyuka:** MPE: 673.428.985, Royal Priesthood Nursery and Primary School: 677.72.76.80
- **Tiko:** MPE: 654.887.557, 674.473.436
- **Tombel:** Eglise baptiste de Waterfall: 677.92.33.58

À l'Étranger :

- **N'Djamena (Tchad):** Evang. Kaltouma Aguidi: (235) 92.97.46.45 / 66.40.82.50
- **Libreville (Gabon):** Rev. Petipa Flaubert: (241) 05.31.27.39
- 675.73.20.02

- **Misaje:** Kingdom Restoration Parish (KRP) **en face de l'hôpital**: 679.33.66.53
- **Mutengene:** MPE: 675.36.36.84
- **Muyuka:** MPE: 673.428.985, Royal Priesthood Nursery and Primary School: 677.72.76.80
- **Tiko:** MPE: 654.887.557, 674.473.436
- **Tombel:** Eglise baptiste de Waterfall: 677.92.33.58

À l'Étranger :

- **N'Djamena (Tchad):** Evang. Kaltouma Aguidi: (235) 92.97.46.45 / 66.40.82.50
- **Libreville (Gabon):** Rev. Petipa Flaubert: (241) 05.31.27.39

Payez pour vos commandes des livres (DISTRIBUTEURS UNIQUEMENT) à : EcoBank N° : 0200212620638901 **ou** ORANGE Mobile Money, N° de compte : 696880058

Infos lignes : (237) 677.43.69.64, 675.68.60.05, 673.57.19.53, 679.46.57.17 ;
crnprayerstorm@gmail.com**,**
crnprayerstorm@christianrestorationnetwork.org,www.christianrestorationnetwork.org

Envoyer votre soutien financier à :
Ecobank N°: 0040812604565101 **ou** Carmel Cooperative Credit Union Ltd. Bamenda N° de compte: 261 **ou** ORANGE Mobile Money: 699902618 **ou** MTN Mobile Money: 674495895

PUBLICATIONS DU RÉSEAU CHRÉTIEN DE RESTAURATION (RCR/TEMPÊTE DE PRIÈRE)

1- Tempête de prière : guide de prière quotidienne
2- Le pouvoir doit changer de camp Tome 1 : Traiter avec les mauvaises fondations
3- Le pouvoir doit changer de camp Tome 2 : Poursuis, dépasse et récupère tout
4- Le pouvoir doit changer de camp Tome 3 : Jésus-Christ doit régner
5- Le pouvoir doit changer de camp Tome 4 : Lève-toi et brille
6- Le pouvoir doit changer de camp Tome 5 : La restauration des familles 1
7- Le pouvoir doit changer de camp Tome 6 : La restauration des familles 2
8- Le pouvoir doit changer de camp Tome 7 : Bâtis un autel
9- Le pouvoir doit changer de camp Tome 8 : Commander la victoire totale
10- Le pouvoir doit changer de camp Tome 9 : Jouir de votre liberté en Christ
11- Le pouvoir doit changer de camp Tome 10 : Percée surnaturelle
12- Festival de feu Séries no. 1 : Que le feu descende
13- Festival de feu Séries no. 2 : Vases oints
14- Festival de feu Séries no. 3 : Agent de Dieu pour le réveil
15- Festival de feu Séries no. 4 : Bâtir des autels de restauration
16- Festival de feu Séries no. 5 : Les fondements d'une famille bénie
17- Domination
18- Débordement Divin

19- Inébranlable
20- Des sommets plus élevés
21- Arrêter les destructeurs de la famille 1
22- Arrêter les destructeurs de la famille 2
23- Prier comme Jésus
24- Vaincre le géant appelé pauvreté
25- Une vie généreuse
26- Lie l'homme fort
27- Une délivrance personnelle et familiale pour toi
28- Faire la différence par le feu
29- Ton moment d'expansion divin
30- Jésus notre jubilé
31- Le choix d'un ami
32- Les Chrétiens et la politique
33- Une vie de prière dynamique
34- Restaurer les fondations brisées

NB : Tous nos parutions sont en Anglais et Français.

Pour obtenir des copies, veillez contacter votre librairie locale ou envoyez votre commande à :

Prayer Storm Team
BP 5018 Nkwen, Bamenda ;
Tel. : (237) 679.46.57.17 ou 675.68.60.05 ou 677.43.69.64
crnprayerstorm@gmail.com
prayerstorm@christianrestorationnetwork.org

Boutique Tempête de prière en ligne :

Avec MTN ou Orange Mobile Money *(pout les résidents au Cameroun)* et le portefeuille électronique *(pout ceux résidant à l'étranger)*, vous pouvez facilement obtenir la version électronique de ce livre et d'autres parutions du RCR via

www.amazon.fr au https://shorturl.at/pqxyT ou
www.christianrestorationnetwork.org/our-bookstore.
à https://goo.gl/ktf3rT

www.ingramcontent.com/pod-product-compliance
Lightning Source LLC
LaVergne TN
LVHW050643100826
845148LV00011B/1960

* 9 7 8 1 6 3 6 0 3 3 4 5 7 *